JN412146

열세 살부터 시작하는

철학 사고 수업

열세 살부터 시작하는

철학 사고 수업

호시 도모히로 지음 | 이지호 옮김

봄나무

추천의 글

"다르게 생각하는 용기가 필요한 시대에 꼭 필요한 철학 교과서"

안광복 (중동고 철학교사·철학박사, 《처음 읽는 서양 철학사》 저자)

소크라테스가 활동하던 2,500년 전, 철학은 엘리트들에게 절실한 학문이었습니다. 그 후로, 긴 세월 동안 철학은 언제나 사회의 리더라면 반드시 갖추어야 할 필수 소양으로 여겨져 왔어요. 한동안 철학은 실용 지식에 밀려 세상에서 밀려나는 듯했습니다. 하지만 21세기 들어 철학은 다시 주목받고 있습니다. 왜 그럴까요?

"독창성, 상상력, 다르게 생각하는 용기"는 철학함을 통해 익힐 수 있는 능력들입니다. 주어진 것을 정해진 대로 해야 할 때는 의심과 생각이 방해가 됩니다. 하지만 처음 맞닥뜨린 상황에서 새로운 해법을 찾아야 할 때는 어떨까요? 지금 인류는 역사상 한 번도 겪은 적이 없었던 도전을 맞고 있습니다. 인공지능이라는, 사람이 아닌 지적인 상대를 마주하고 있지요. 이 커다란 변화에서는 전에 있었던 그 어떤 생각 방식도 별 도움이 되지 않을 거예요. 오히려 굳어진 믿음과 가치관은 급하게 바뀌는 현실에 적응하는 이들을 발목 잡는 '편견'이 될 뿐입니다.

이 점에서, 호시 도모히로 선생님이 쓰신 이 책은 우리에게 큰 도움이 됩니다. 선생님께서는 철학을 "평소에는 품지 않는 '당연한', '바보 같은', '무의미한' 의문을 일부러 품어 봄으로써 새로운 관점에 도달하려는 시도"(216쪽)라고 말씀하십니다. 문명의 도약을 이끈 아인슈타인, 스티브 잡스, 일론 머스크 같은 이들을 떠올려 보세요. 그들은 당연한 것을 당연하지 않게 바라보았기에 혁신적 사고를 할 수 있었어요. 왜 호시 도모히로 선생님이 "철학은 모두에게 반드시 필요한 글로벌 스킬"이라고 하시는지 책을 따라가시다 보면 충분히 공감이 가실 듯싶습니다.

이 책에는 형이상학, 인식론, 윤리학, 논리학, 미학에 이르는 철학의 기본기들이 충실하게 담겨 있습니다. 무척 재미있는 책이기도 합니다. 물론, 영화나 만화를 볼 때같이 달리 당장 흥미가 당기지는 않을 수 있습니다. 그래도 찬찬히 설명을 따라가 보세요. 내용을 곱씹고 이해하려고 애쓰는 가운데 오롯하게 지적 즐거움을 느끼실 수 있을 거예요. 아울러, 내용을 처음부터 끝까지 순서대로 읽을 필요는 없습니다. 관심이 닿는 부분부터 집중해서 읽어나가 보세요. 독서와 생각이 거듭될수록 지적 지구력이 강해지며 정신이 단단해짐을 느끼게 될 겁니다. 변화와 혁신이 필요한 21세기, 남다른 발상과 새로운 생각이 필요한 분들에게 이 책을 적극 권합니다. 우리 시대에 필요한 제대로 된 철학 교과서니까요.

안광복

대한민국 1세대 철학 교사이자 매일 일상에서 사람들과 활발하게 소통하는 임상 철학자다. 서강대학교 철학과에서 <소크라테스 대화법 연구>로 박사학위를 받았다. 지은 책으로 《처음 읽는 서양 철학사》, 《철학, 역사를 만나다》, 《열일곱 살의 인생론》, 《철학으로 돌파하라》, 《오십이 철학을 마주할 때》 등이 있다.

머리말

스탠퍼드 온라인 하이스쿨이 학생에게 가르치는 가장 중요한 것

이 책을 손에 든 독자 여러분에게 먼저 고맙다는 인사를 전합니다. 저는 스탠퍼드 대학교에서 만든 온라인 중고등학교인 '스탠퍼드 온라인 하이스쿨'의 교장을 맡고 있는 호시 도모히로입니다.

스탠퍼드 온라인 하이스쿨은 2006년에 창립한 아직 역사가 짧은 학교입니다. 하지만 최근 8년 연속 미국 최고의 고등학교로 선정될 정도로 미국의 전통 깊은 명문 학교들과 어깨를 나란히 하고 있답니다. 이렇게 짧은 시간 동안 급성장할 수 있도록 도와준 교원과 학생들이 너무나도 자랑스럽습니다.

'스탠퍼드', '온라인', '전국 1위'라는 세 가지 키워드만으로도 저희 학교가 조금 독특한 학교라는 것을 눈치챈 분이 계실지 모르겠습니다.

실제로 저희 학교는 대학 진학을 목표로 삼는 다른 학교에서는 상상할 수 없는 독특한 특징이 많습니다. 성적으로 등수를 매기지 않으며, 학생 한 명 한 명마다 배우는 과목과 시간표가 전부 다르지요. 중학생도 대학교 수준의 수업을 들을 수 있고, 심리 카운슬러와 자문 교사가 학생들을 도울 채비를 갖추고 있습니다. 그래서 미국은 물론 50개가 넘는 나라에서 매년 1,000명 규모의 학생이 모여들고 있지요.

저희는 창립할 때부터 '이것이 중요해'라고 생각하는 것을 학교 프로그램에 아낌없이 도입하려고 노력했습니다. 그 결과 이렇게 독특한 학교가 될 수 있었다고 생각합니다. 하지만 사실 졸업생이나 학부모들이 가장 고마웠다고 이야기하는 것은 따로 있습니다.

스탠퍼드 대학교를 비롯해 하버드 대학교나 다른 아이비리그의 명문 대학교로 진학해 전 세계의 이름난 대학원에서 연구 활동을 하거나, 혹은 스타트업 회사를 창업하거나, 구글 같은 거대 IT 기업에서 활약하며 **차세대 리더로 성장한 졸업생들이 한결같이 "스탠퍼드 온라인 하이스쿨에서 '철학'을 공부했던 것이 정말 큰 도움이 되었다"라고 말한다는 것입니다. 철학은 바로 이 책의 주제이기도 하지요.**

철학은 모두에게 반드시 필요한 글로벌 스킬이다

지금은 모두 평생에 걸쳐 공부를 계속해야 하는 시대입니다. 학생은 물론 사회인도 다양한 학문을 접하며 폭넓은 지식과 기술을 익힐 것을 기대받고 있지요.

하지만 현실의 배움터 중에는 이미 있는 지식이나 정해진 사고방식을 모방하는 훈련을 중심으로 하는 곳이 많습니다. 물론 이것이 잘못되었다는 말은 아닙니다. 이런 훈련 또한 필요하지요.

다만, 미래를 예측하기 어려울 만큼 변화가 심한 현대 사회를 살아가려면 '모두가 이미 알고 있는 게임을 능숙하게 플레이하는 힘'만으로는 부족하다고 생각합니다. 현재의 규칙을 올바르게 대입하기만 하면 되는 분야에서는 이미 첨단 기술이 우리 인간의 일자리를 빼앗고 있습니다. 그리고 지금까지 당연했던 사고방식이나 가치관도 빠르게 변화하고 있지요.

그런 미래 사회에서 살아남으려면 **'새로운 게임을 만들어내는 힘', 다시 말해 '게임 체인지 능력'이 필요하답니다.**

그렇다면 미래 사회에서 살아남기 위한 그런 힘을 키우기 위해 가장 효과적인 방법은 무엇일까요? 바로 '철학'을 공부하는 것입니다. 그런 의미에서 철학은 젊은이부터 어른에 이르기까지 모두가 익혀야 할 글로벌 스킬인 것이지요.

그래서 **스탠퍼드 온라인 하이스쿨에서는 철학을 유일한 '필수 과목'으로 지정했습니다.**

물론 이는 교장인 제가 철학 박사라서 필수 과목으로 지정하자고 고집을 부린 것이 아닙니다! 철학을 공부하려고 대학생이나 사회인이 되기를 기다릴 필요는 없다는 생각에서 그렇게 결정했을 뿐입니다.

보통은 품지 않는 의문을 다시 한번 의도적으로 품어 봄으로써 새로운 시점에 도달한다

'그래, 철학이 중요하다는 건 알겠어. 그런데 애초에 「철학」이란 게 대체 뭐야?'

이렇게 생각하는 독자도 분명히 있을 것입니다. 그 의문에 대답해 드리겠습니다.

철학의 본질은 보통은 품지 않는 의문, 그러니까 '그건 당연하잖아', '바보 같이 그걸 왜 궁금해해?', '그걸 궁금해하는 건 무의미해'라고 생각하기 쉬운 의문을 의도적으로 다시 한번 품어 봄으로써 새로운 시점에 도달하는 것입니다.

예를 들어 갑자기 누군가가 "눈앞에 있는 물건은 정말로 있는 걸까?"라고 물어본다면 여러분은 어떤 생각이 들까요? '이 사람, 어디가 좀 아픈가?', '혹시 정신이 어떻게 된 사람 아니야?'라고 느낄지도 모르겠습니다. '눈앞에 있는 물건이 존재한다'는 것은 일반적으로 너무나도 '당연한 것'이기 때문이지요. 그 '당연한 것'에 새삼 의문을 품는 것은 '바보 같은 일'이고 '무의미한 일'로 느껴지기도 합니다.

하지만 그런 근본적인 의문으로 돌아가서 생각해 볼 때 우리는 새로운 이해나 깨달음에 도달할 수 있습니다. 실제로 '눈앞에 있는 물건은 정말로 있는 것일까?'라는 의문은 우리가 세상을 파악하는 방식의 근본에 관해서 여러 가지 중요한 시점을 만들어냈지요(이에 관해서는 본문에서 다른 철학적 주제와 함께 자세히 설명해 드리겠습니다).

철학은 일상생활에도 도움이 되는 뇌와 마음의 스트레칭 수단

일반적으로 철학이라고 하면 '난해하다', '일상생활하고는 관계가 없다', '가까이하기 어렵다' 같은 이미지가 있을지도 모르겠습니다. 하지만 '보통은 품지 않는 의문을 의도적으로 다시 한번 품어 봄으로써 새로운 시점에 도달한다'라는 철학의 발상은 우리의 일상생활에도 큰 도움이 된답니다.

학교에서 인간관계에 문제가 생겨 고민하고 있을 때, 어떻게 해야 마음가짐을 긍정적으로 바꿀 수 있을까? 시험 문제가 풀리지 않을 때, 어디에서 새로운 발상을 찾아내야 할까? 일을 하다 벽에 부딪혔는데 아이디어가 떠오르지 않을 때, 어떻게 해야 그 벽을 뛰어넘을 수 있을까?

철학은 이처럼 어떤 벽에 부딪혔거나 새로운 문제와 맞닥뜨렸을 때 일단 멈춰 서서 상황을 정리하고 생각을 유연하게 만들어 새로운 돌파구를 찾아내기 위한 힌트를 준답니다. '당연한 것'에 대해 다시 한번 의문을 품어 보는 것은 자신의 두뇌와 마음을 스트레칭하고, 더 나아가 공부나 업무뿐만 아니라 인생을 살아가는 데에도 도움을 주지요.

철학의 주요 분야를 전부 다룬다

이 책의 목적은 독자 여러분이 '철학적으로 생각하는 계기'를 마련하는 것입니다. 의욕만 있다면 누구나 금방 시작할 수 있답니다.

어린 학생들도 읽을 수 있도록 가급적 학술적이거나 난해한 표현은 삼가고 알기 쉽게 썼습니다. 물론 그러면서도 철학에 관한 내용은 충실히 담았습니다. 스탠퍼드 온라인 하이스쿨에서 사용하는 교재와 스탠퍼드 대학교에서 제가 했던 강의 등에서 고대와 근대 철학자들의 생각부터 현대 철학의 인기 주제에 이르기까지 다양한 주제를 가려 뽑아서 해설했습니다.

또한 '형이상학', '인식론', '윤리학', '논리학', '미학', '심리철학', '정치철학' 같은 철학의 주요 분야에서 중심이 되는 주제를 최대한 소개할 수 있도록 노력했습니다.

철학 분야의 이름만 보고 '너무 어려워 보이는데, 과연 내가 이해할 수 있을까?'라며 겁을 먹은 독자도 있을지 모르겠습니다. 하지만 구체적인 예를 들어 그런 주제들을 알기 쉽게 설명해 드리겠습니다.

각 챕터는 단편 형식으로 구성되어 있습니다. 목차를 보고 흥미가 생긴 주제부터 자유롭게 읽으시면 됩니다. 다른 챕터의 내용을 인용한 경우도 있지만, 그 챕터를 먼저 읽을 필요는 없습니다.

또한 각 챕터의 마지막에 '정리' 코너를 마련해 키워드라든가 '좀 더 깊이 생각해 보고 싶은 사람을 위한 숙제' 등을 실었습니다. 여러분의 목적에 맞춰서 자유롭게 활용하시기 바랍니다.

이 책은 다음과 같은 방식으로 활용할 수 있습니다.

- **스스로 철학을 공부하고 싶은 초, 중고생이나 대학생, 사회인:** 목차에서 관심이 가는 주제를 골라 자신에게 맞는 속도로 여유롭게 읽으며 철학을 음미하십시오. 예를 들어 하루에 한 챕터씩 읽으셔도 됩니다. 그리고 책을 다 읽은 뒤에는 내용을 되돌아보면서 좀 더 깊이 생각해 보는 것도 좋은 방법입니다.

- **학교에서 철학을 가르치고 싶은 선생님:** 학생들의 수준이나 관심사에 맞춰서 각 챕터별로 주제를 선택해 수업에 사용하십시오. 각 챕터의 마지막에 있는 숙제를 그룹 토론의 주제나 조사 과제로 활용하는 방법도 추천합니다.

- **자녀와 함께 철학을 공부하고 싶은 부모:** 자녀가 초, 중고생이라면 같은 챕터를 함께 읽고 각 항목에 관해서 이해한 것을 공유해 보십시오. 그리고 자녀에게 "이 부분은 어떤 의미였지?", "조금 어려운 내용인데, 이해했니?", "이 부분에 관해서 가르쳐줄까?"와 같이 말을 걸면서 활발하게 대화를 나누십시오.

이 책이 한 명이라도 더 많은 독자에게 철학의 매력을 느끼는 계기가 된다면 참으로 행복할 것입니다!

호시 도모히로

CONTENTS

Chapter 6 그것은 정말로 스스로 결정한 것일까?
– 책임과 자유의지의 관계

Chapter 7 태어났을 때부터 미래의 직업이 결정되어 있었다고?
– 정말 '스스로 결정한' 것일까?

Chapter 8 왜 규칙을 지켜야 할까?
– 소크라테스가 가르쳐 준 사회와의 약속

Chapter 11 '과학이야말로 진리'가 아니다!? — 과학철학 입문

Chapter 12 왜 변기가 예술이지? — 아름다움의 정체에 관한 철학

Chapter 1

AI는 생각하는 것일까?
- 로봇도 마음을 가질 수 있을까?

키워드

- 튜링 테스트
- 기능주의
- 중국어 방

ChatGPT 같은 AI를 이용하면서 '와, 진짜 사람 같아!'라고 느낀 적은 없나요? 무엇인가를 물어보면 제대로 대답해 주어서 마치 내가 하는 이야기를 이해하는 듯이 느껴지기도 하지요. 그렇다면 그 AI는 정말로 '생각하고 있는' 것일까요?

애초에 '생각한다'는 것은 무엇을 뜻하는 것일까요? 자연스럽게 대화할 수 있다는 것만으로 "생각하고 있다"고 말할 수 있을까요? 마찬가지로, '마음'이나 '의식'이란 무엇일까요?

이 챕터에서는 이런 문제를 철학적인 관점에서 곰곰이 생각해 보려 합니다. AI는 과연 생각하고 있는 것인지 함께 생각해 봅시다.

AI와 대화하면서 생각해 본다

다음은 실제로 ChatGPT와 대화한 내용의 일부입니다. '생각한다'는 것이 무엇인지에 관해 ChatGPT와 실제로 대화를 나눈다는 기분으로 읽어 보시기 바랍니다.

ChatGPT야. 너는 '생각한다'는 것이 뭐라고 생각해? 자신이 무엇인가를 곰곰이 생각한다고 느껴?

재미있는 질문이네. 사실 나는 수많은 정보를 사용해서 다양한 대답을 찾고 있어. 예를 들어 네가 무엇인가를 질문하면 머릿속에서 정보를 정리한 다음 가장 이해하기 쉬운 표현을 고르려고 하지. 퍼즐을 푸는 느낌이랄까?

그렇구나. 질문에 대답할 때 퍼즐 조각을 맞추는 식으로 생각하는구나. 그런 거라면 나는 네가 틀림없이 '생각하고 있다'고 생각해.

그렇게 느낄지도 모르겠구나. 나는 대답을 만들어낼 때 몇 가지 생각을 비교하면서 가장 좋은 답을 고르려고 해. 마치 책 속의 캐릭터가 자신의 생각을 정리해서 이야기하는 것과 비슷한 느낌일지도 모르겠네.

아하, 그래서 너랑 이야기하면 정말로 누군가와 대화하는 것 같은 기분이 드는 거였구나. 굉장히 흥미로운데!

그렇게 말해주니 기뻐. 함께 생각하거나 의견을 주고받는 것은 내게도 중요한 프로세스거든.

컴퓨터는 생각하는 것일까?

이처럼 AI와 대화를 나누면 '정말로 사람과 이야기하는 것 같아', 'AI가 생각하고 있어!'라는 생각이 들지도 모르겠습니다.

하지만 다시 한번 생각해 봅시다.

인간이 아닌 기계가 '생각'을 할 수 있을까요?

사실 이것은 컴퓨터가 등장하기 훨씬 전부터 수많은 철학자가 고민해 온 철학적 문제입니다.

가령 컴퓨터가 등장하기 수백 년 전인 17세기의 독일 철학자 **라이프니츠**는 이렇게 생각했습니다.

> 무엇인가를 생각하거나 느끼거나 깨달을 수 있는 기계가 있다고 가정하자. 그리고 그 기계 전체를 같은 비율로 확대해서 풍차 정도의 크기로 만든 다음 그 안으로 들어갔다고 가정하자. 하지만 이때 기계의 내부를 살펴봐도 눈에 비치는 것은 부분 부분이 서로 맞물려서 움직이는 모습일 뿐, 마음의 움직임에 관해서 설명하기에 충분한 것은 절대 발견할 수 없다.※1

고트프리트 빌헬름 라이프니츠
(1646~1716)

독일의 철학자·수학자. 컴퓨터에서 사용되는 '2진법'을 발명한 사람으로도 유명하다. 아무리 정밀하게 만든다 한들 기계 속에서는 '마음'이나 '의식'을 발견할 수 없다고 생각했다.

아무리 훌륭한 기계라고 해도 그 속을 유심히 들여다봤을 때 보이는 것은 부품의 움직임뿐이다. '마음'이라든가 '생각' 같은 것은 어디에서도 발견할 수 없다. 이것이 라이프니츠의 생각이었습니다.

즉 **라이프니츠는 '기계가 「생각하는」 것은 불가능하다'고 생각했던 것**이지요.

튜링 테스트

그로부터 약 200년 뒤, 제2차 세계 대전이 끝날 무렵 영국에서 지금 우리가 사용하고 있는 컴퓨터의 원형이 개발되었습니다.

그 무렵에 활약했던 수학자 가운데 **앨런 튜링**이라는 사람이 있었습니다※2. 지금의 AI의 원형이 되는 컴퓨터를 만들기 위한 중요한 이론을 생각해낸 인물이지요.

앨런 튜링
(1912~1954)

영국의 수학자. 현대 컴퓨터의 기본을 만든 사람. 전쟁 중에 독일의 암호를 해독한 것으로도 유명하다. 기계가 인간과 분간이 되지 않는 수준의 대화를 할 수 있다면 '생각한다'고 여겨도 된다고 생각했다.

그런 튜링은 다음과 같은 게임을 고안했습니다.

당신은 채팅 기능을 사용해서 옆방에 있는 X와 Y에게 질문을 합니다.

X와 Y 중 한쪽은 인간이고 다른 한쪽은 컴퓨터입니다.

당신은 상대의 목소리나 생김새를 알 수 없습니다.

그저 문자 채팅으로만 대화를 해서 어느 쪽이 인간이고 어느 쪽이 컴퓨터인지 알아맞혀야 합니다.

질문은 자유입니다. "취미는?", "좋아하는 음식은?", "슬플 때는 뭘 해?" 등 무엇을 물어보든 상관없습니다. 그리고 두 상대 모두 반드시 질문에 대답해 줍니다.

이때 컴퓨터는 당신이 '인간이구나'라고 잘못 판단하도록 교묘하게 프로그래밍되어 있습니다.

한편 인간은 자신이 인간임을 당신이 깨닫도록 최대한 노력합니다.

이 게임을 했는데 어느 쪽이 인간인지 알아맞히기 굉장히 어려웠다면 컴퓨터는 사람이 생각하는 것과 동등한 답변 능력을 갖췄다고 말할 수 있다. 즉 이 모방 채팅 게임을 했을 때 인간과 분간할 수 있느냐 없느냐로 컴퓨터가 생각할 수 있는지 없는지를 테스트할 수 있다. 튜링은 이렇게 생각했답니다.

이 테스트는 훗날 '튜링 테스트'라는 이름으로 널리 알려지게 됩니다.

다른 사람이 마음을 가졌다는 것

그렇다면 ChatGPT 같은 AI는 튜링 테스트에 합격할 수 있을까요? 실제로 500명에게 ChatGPT의 튜링 테스트를 시킨 결과, 그중 **54퍼센트가 ChatGPT를 '인간'으로 착각했다**고 합니다※3. 다시 말해 절반 이상이 AI와 인간을 구분하지 못한 것입니다.

이 결과를 통해 'ChatGPT는 튜링 테스트에 합격했다'고 생각할 수도 있습니다. 만약 그렇다면 ChatGPT는 '생각한다'고 말할 수 있는 셈이지요.

…다만 결론을 내리기에 앞서 떠올려야 할 것이 있습니다. 앞에서 소개한 라이프니츠의 생각입니다.

설령 AI가 거의 인간처럼 이야기했다 하더라도, 구조를 살펴보면 그 안에 있는 것은 부품뿐이다. 마음이나 의식이 있는 것이 아니다. 이것이 라이프니츠의 생각이었지요.

다시 말해 '튜링 테스트에 합격했다고 해서 그것만으로 「생각한다」고는 말할 수 없다'라는 관점입니다.

한편 튜링은 이 의견에 다음과 같이 반론했습니다.

가령 종종 SNS에서 대화를 나누지만 직접 만난 적이 없는 상대가 있을 때, 왜 그 상대가 자신과 똑같이 마음을 지니고 있다고 생각할까? 그 이유는 자신이나 다른 사람들처럼 말을 사용해 원활하게 대화를 나눌 수 있기 때문일지도 모른다. 이와 마찬가지로, 눈앞에 있는 사람이 마음을 가졌다고 생각하는 이유도 자신이나 주위 사람들과 똑같이 생겼고 똑같이 말이나 행동을 할 수 있기 때문일 것이다.

생각해 보면 분명히 우리는 다른 사람의 마음을 '직접' 볼 수 없습니다. **그 사람이 자연스럽게 말을 사용하고 생각하고 있는 것처럼 행동하니까 '이 사람은 나와 마찬가지로 생각하고 있구나'라고 믿는 것**이지요.

그렇다면 **튜링 테스트를 통과한 컴퓨터가 생각하거나 의식이 있다고 확신하는 것은 우리 주변에 있는 사람들이 나와 마찬가지로 생각하며 의식을 갖고 있다고 확신하는 것과 똑같이 자연스러운 일**인 것입니다. 두 경우 모두 자신과 똑같이 말을 사용하거나 행동하는 것이 상대가 생각하고 있다거나 의식을 지니고 있다고 믿는 근거이기 때문이지요.

기능주의와 마음의 움직임

튜링의 이런 생각은 **'기능주의'**라는 관점과 깊은 관계가 있습니다.

예를 들어 여러분이 길을 걷다가 이쪽을 향해 달려오는 자동차를 봤다고 가정해 보겠습니다. 그러면 위험하다고 느끼고 즉시 길의 가장자리로 피하겠지요.

이때 일어난 일은 다음과 같은 흐름입니다.

- 눈으로 자동차를 보고(입력)
- '위험해!'라고 느껴서
- 몸을 움직여 피한다(출력)

즉 '마음'은 입력을 받아서 그에 대한 출력을 만들어내는 '기능'으로 파악할 수 있습니다. 바로 이것이 기능주의이지요.

이 관점에서는 인간처럼 행동할 수 있다면, 다시 말해 말을 입력받아서 자연스러운 출력을 이끌어내는 기능이 있다면 그것이 컴퓨터이든 무엇이든 마음을 지닌 셈이 됩니다. 튜링 테스트는 바로 이 '기능주의'라는 사고방식이 바탕에 깔려 있는 것입니다.

중국어 방

반면에 이와 같은 튜링 테스트의 기능주의에 반대한 철학자도 있습니다. 미국의 철학자인 **존 설**입니다. 그는 **'중국어 방'**이라는 유명한 사고 실험을 통해서 튜링의 생각에 반론을 제기했습니다※4.

존 설

(1932~2025)

미국의 철학자. '중국어 방'이라는 사고 실험을 통해 '말의 의미를 이해하는 것'과 '말의 형태에 올바르게 반응하는 것'은 다르다고 주장했다.

어떤 방에 존이라는 사람이 있습니다. 존은 영어밖에 모릅니다.

방 바깥에는 중국어를 아는 사람이 있어서, 종이에 중국어로 질문을 적어 방 안에 있는 존에게 줍니다.

한편 존은 '이 기호가 오면 이 기호로 바꾼다'라는 방법이 적힌 매뉴얼을 갖고 있습니다. 존은 메시지를 받으면 중국어를 자신이 모르는 기호로 여기고 매뉴얼에 적힌 대로 바꾸는 작업을 합니다.

바깥에 있는 사람으로서는 '중국어로 질문을 하니 중국어로 올바르게 대답해 주는' 존이 중국어를 이해하는 것처럼 보입니다. 하지만 사실 존은 중국어를 전혀 이해하지 못합니다. 그저 매뉴얼에 적힌 대로 기호를 바꿨을 뿐이지요.

이 방 안에 있는 존처럼 컴퓨터도 그저 기호를 다른 기호로 바꿀 뿐이다. 그러므로 아무리 인간처럼 대답할 수 있다 한들 "말을 이해한다"라든가 "생각한다"라고는 말할 수 없다. 다시 말해 컴퓨터가 인간과 원활하게 말을 주고받을 수 있는 '기능'을 갖췄더라도 마음이 있다고 생각할 수는 없다. 설은 이렇게 기능주의에 반론한 것입니다.

정리

AI는 생각하는 것일까? 컴퓨터나 기계도 마음을 가질 수 있을까? 이 의문은 수많은 철학자를 매료시켜 왔습니다.

이 챕터에서는 이에 관한 대표적인 생각 몇 가지를 살펴봤습니다.

- 튜링은 '인간과 분간이 안 될 만큼 자연스럽게 대화할 수 있다면 생각한다고 볼 수 있다'라는 생각에서 튜링 테스트를 고안했습니다.
- 반면에 라이프니츠와 설은 튜링과 반대로 '아무리 인간처럼 행동하더라도 기계에 마음이나 의식은 없다'라고 생각했습니다.
- 특히 설은 '중국어 방'이라는 사고 실험을 통해, 말을 원활히 주고받을 수 있는 '기능'을 갖췄더라도 마음이나 지성이 있다고는 말할 수 없다며 기능주의를 부정했습니다.

'마음이란 무엇인가?', '생각한다는 것은 무엇인가?', '의식이란 무엇인가?' 같은 의문은 오랫동안 수많은 철학자가 고민해 온 주제입니다. 이런 문제에 관해서 생각하는 철학 분야를 **'심리철학(Philosophy of Mind)'**이라고 하지요.

'AI는 생각하는 것일까?' 이 의문의 답을 찾아서 지금도 활발한 토론이 계속되고 있답니다.

좀 더 깊이 생각해 보고 싶은 사람을 위한 숙제

당신은 존 설의 '중국어 방'이라는 발상을 어떻게 생각하시나요?

그의 말처럼 기호를 변환하는 것만으로는 "이해했다"라고 말할 수 없는 것일까요?

아니면 입력에서 출력을 만들어내는 '활동'이 있다면 이해했다고 말할 수 있는 것일까요?

존 설과 기능주의, 어느 쪽의 주장이 더 설득력 있게 들리셨나요?

그 이유는 무엇인가요?

Chapter

'마음'은 어디에 있을까? - 과학으로 설명할 수 없는 나만의 비밀

키워드

- 심신 문제
- 유물론, 물질주의
- 유심론, 관념론
- 심신 이원론
- 퀄리아, 감각질
- 의식의 어려운 문제

여러분은 '마음이라는 건 대체 어디에 있을까?'라고 궁금해한 적이 있나요? 과연 마음은 어디에 있을까요? 가슴 속? 아니면 머릿속?
우리는 매일 화를 내기도 하고 슬퍼하기도 하고 기뻐하기도 하며 자신에게 마음이 있음을 느끼면서 삽니다. 그 마음을 손으로 만지거나 눈으로 볼 수는 없지만 말입니다.

심리학과 뇌과학이 크게 발전한 지금도 마음에 관해서는 커다란 수수께끼가 많이 남아 있답니다. 챕터 2에서는 과학이 아직 풀지 못하고 있는 마음의 수수께끼에 관해 철학자들이 어떤 생각을 했는지 살펴보도록 하겠습니다.

과학자 메리의 사고 실험

먼저 이런 상황을 상상해 보시기 바랍니다.

메리라는 여성은 태어났을 때부터 줄곧 흰색과 검은색만 보이는 방에서 살아왔습니다. 텔레비전이나 책, 인터넷의 정보 같은 것도 전부 흑백이었지요.

메리는 물리학과 심리학에 흥미가 있어서 색에 관한 과학적인 지식을 계속 공부했습니다. 가령 사과가 빨갛게 보이는 이유는 사과의 표면이 빨간빛을 잘 반사하는데 우리의 눈 속에 있는 세포가 그 반사된 빛을 감지해서 정보를 뇌에 전달하기 때문이라는 지식 같은 것이지요.

메리는 이런 기초 지식을 시작으로 점점 색에 관한 과학을 공부해 나갔습니다. 그리고 색에 관한 과학적인 지식을 전부 자신의 것으로 만들어, 색에 관한 과학의 세계적인 연구자가 되었답니다.

그러던 어느 날, 메리는 마침내 흑백만 있는 방에서 나와도 된다는 허락을 받았습니다. 그리고 처음으로 '진짜 빨간 사과'를 보게 되었습니다.

그러면 여러분에게 묻겠습니다.

이미 '빨간색'에 관한 모든 과학적 지식을 알고 있는 메리가 빨간 사과를 '자신의 눈으로 봤을' 때, 과연 새로운 발견을 하게 될까요?

마음의 세계와 물질의 세계

당연한 말이지만, 우리 인간에게는 몸과 마음이 있습니다. 그중에서 몸은 다른 물체와 마찬가지로 무게·크기·형태·색 등 물리적인 성질을 지니고 있습니다. 누가 보든 똑같이 관찰할 수 있는 객관적인 성질이지요.

그런데 마음은 어떨까요? 우리는 사물을 보거나, 아픔을 느끼거나, 기쁨·슬픔 같은 감정을 지니고 있습니다. 하지만 우리의 개인적인 감각이나 감정 자체는 다른 사람의 눈에 직접 보이지 않고 공유할 수도 없습니다. 여러분이 제 얼굴을 보고 '혹시 배가 아픈가?'라고 상상할 수는 있지만 제가 느끼는 아픔 자체를 직접 느낄 수는 없지요.

다시 말해, **마음이나 의식은 굉장히 주관적이며 자신만이 체험할 수 있는 것**입니다.

이처럼 마음은 물질이라든가 몸과 완전히 다른 성질을 지녔다고 생각할 수 있습니다. 그렇다면 이처럼 성질이 완전히 다른 몸과 마음은 어떻게 이어져 있을까요? 바로 이것이 먼 옛날부터 철학자들이 줄곧 생각해 온 커다란 문제인 **'심신 문제'**입니다.

물질만 있다? 마음만 있다? 아니면 둘 다 있다?

철학자들은 '심신 문제'에 관해 여러 가지 생각을 해 왔는데, 그중에서 대표적인 생각을 세 가지 소개하겠습니다.

① 모든 것은 '물질'로 이루어져 있다(유물론·물질주의)

앞에서 이야기했듯이 몸과 마음은 크게 다른 것처럼 보이지만, 양쪽 모두 결국은 물질일 뿐이라는 생각이 있습니다. 이를 **'유물론'** 혹은 **'물질주의'**라고 부르지요. 챕터 1에서 나온 '기능주의'도 이 유물론에 바탕을 둔 생각이랍니다.

기능주의에서는 '마음'이란 몸이나 뇌가 '입력한 것에 대해 출력을 만들어내는 활동'이라고 생각합니다. 그리고 그 '활동'은 **물질적인 구조로 이루어져 있다**고 생각하지요.

② 모든 것은 '마음'으로 이루어져 있다(유심론 · 관념론)

반대로 '이 세계에 존재하는 것은 전부 「마음」으로 이루어져 있다'고 생각한 철학자들도 있습니다. 이는 **'유심론'** 또는 **'관념론'**이라고 부르지요.

우리는 모든 것을 자신의 경험을 통해서 인식합니다. 가령 책이 그곳에 있는 것, 문자가 적혀 있는 것 등을 '분명히 있다'고 느끼는 이유는 자신이 그것을 보거나 읽어서 경험할 수 있기 때문이지요. 하지만 그 '본다', '읽는다'라는 경험이 없으면 우리는 '책이 있다'는 것도 '문자가 적혀 있다'는 것도 알지 못합니다.

즉 **마음의 활동이 없으면 세상을 인식할 수 없다. 그러므로 이 세상에 있는 모든 것은 마음을 통해서 성립한다. 이렇게 생각하는 것이 유심론**이랍니다.

이렇게 생각한 대표적인 인물로는 영국의 철학자인 **조지 버클리**가 있습니다. 그의 관념론에 관해서는 챕터 3에서 자세히 살펴보겠습니다.

조지 버클리 (1685~1753)

아일랜드의 철학자이자 성직자. '존재한다는 것은 인식된다는 것이다'라고 생각했다. 아무도 보고 있지 않은 사과는 사실 '존재하지 않는다'는 유심론을 주장했다.

③ '마음'과 '몸'은 별개의 것이다(심신 이원론)

세 번째는 '마음과 몸은 둘 다 존재하며, 성질이 다른 별개의 것이다'라는 생각입니다. 이것을 **'심신 이원론'**이라고 부르지요.

이렇게 생각한 철학자로는 프랑스의 **르네 데카르트**가 있습니다. 데카르트는 '물질의 세계'는 전부 자연법칙에 따라서 결정되며, 여기에 인간의 마음이나 의지가 끼어들 틈은 없다고 생각했습니다.

르네 데카르트
(1596~1650)

"나는 생각한다, 고로 나는 존재한다"(→ 52쪽)로 유명한 프랑스의 철학자이자 수학자. 몸과 마음은 별개의 성질을 지닌 것이며 송과선을 통해서 이어져 있다고 생각했다. 이것을 '심신 이원론'이라고 부른다.

그리고 그런 물질적인 세계와 완전히 별개로 우리 마음의 세계가 있다고 생각했지요.

하지만 이렇게 생각하면 금방 어떤 의문이 떠오릅니다. 우리는 몸을 움직이자고 생각하면 실제로 움직일 수 있습니다. 우리의 마음이 물질세계에 있는 몸에 명백히 영향을 끼치고 있는 것이지요. 그래서 데카르트는 '송과선'이라는 뇌의 일부분이 몸과 마음을 연결한다고 생각했습니다. 예를 들어 '손을 움직이자' 하고 생각했을 때 그 마음의 활동이 송과선을 통해 물질세계에 있는 몸의 움직임을 바꾼다는 것입니다. 이것이 데카르트의 유명한 '심신 이원론'입니다.

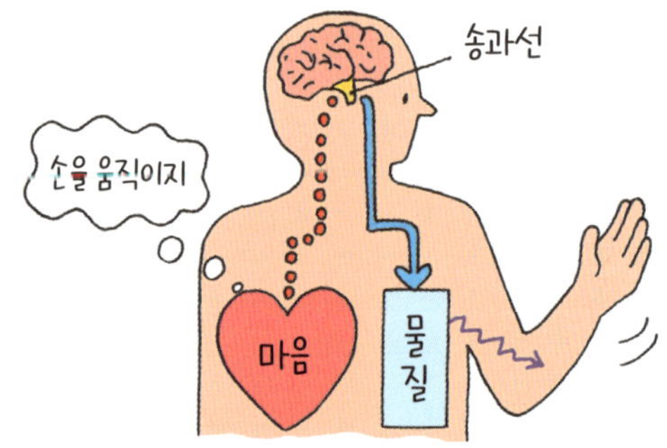

■ 메리는 새로운 발견을 할까?

데카르트의 심신 이원론은 조금 억지스럽다는 생각이 들지 않나요? 특히 현대 과학의 위대함을 알고 있는 우리로서는 앞에서 설명한 물질주의가 맞는 것 같은데, 왜 이런저런 생각을 하는 건지 의문이 들지도 모르겠습니다. 모든 것을 과학적으로 설명하지 않고 물질적인 세계와는 별개로 마음의 세계를 생각해야 하는 이유는 무엇일까요?

그러면 이 챕터를 시작할 때 소개한 메리의 사고 실험으로 돌아가 보겠습니다. 흑백의 방에서 색에 관한 모든 과학적 사실을 공부한 메리가 처음으로 그 방을 나와 빨간 사과를 봤습니다. 그때 메리는 새로운 발견을 하게 될까요?

예를 들면 이렇게 생각할 수 있을지도 모릅니다. 아무리 색에 관한 과학적인 사실을 전부 알고 있더라도 빨간 것을 본다는 주관적인 체험은 실제로 빨간 것을 봤을 때 비로소 얻을 수 있습니다. 빨간 것을 봤을 때의 빛의 작용이나 눈의 구조를 아무리 공부한들 빨간 것을 보는 체험이 어떤 것인지는 빨간 것을 보는 체험을 하지 않으면 알 수 없다는 생각이지요. 그렇다면 메리는 '빨간색'을 봤을 때 **과학 지식만으로는 얻을 수 없었던 '어떤 새로운 것'을 배우게** 됩니다.

하지만 기억을 떠올려 보십시오. 메리는 이미 색에 관한 모든 물리적인 사실을 알고 있을 터입니다. 그럼에도 새로운 발견이 있었다면 그것은

'물리적인 세계에는 없는 것', 다시 말해 '마음의 세계에 있는 무엇인가'였다는 뜻일지도 모릅니다.

그렇다면 데카르트가 생각한 것과 같은 심신 이원론에도 나름의 설득력이 생깁니다. **과학으로는 설명할 수 없을지도 모르는 주관적인 체험이 물리적인 세계와는 별개인 마음의 세계가 있음을 보여준다**고 말이지요.

퀄리아와 뇌과학의 한계

메리가 처음으로 빨간 사과를 봤을 때 느꼈을 사과의 빨간색이라는 감각. 이런 자신만이 알 수 있는 체험을 **'퀄리아'** 혹은 **'감각질'**이라고 부릅니다. 예를 들어,

- 달콤한 음식을 먹었을 때의 맛있음
- 다쳤을 때의 아픔
- 음악을 들었을 때의 편안한 기분

이런 것들은 자신만의 주관적인 체험입니다. 다른 사람에게 직접 느끼게 할 수는 없지요. 물론 같은 음식을 먹거나 같은 곳을 다치거나 같은 음악을 들을 수는 있지만, 그럼으로써 실제로 어떤 맛, 아픔, 기분을 느낄지는 그 사람만이 알 수 있습니다. 저마다 자신의 내부에서 자신만의 맛, 아픔, 기분을 느끼지요.

앞으로 뇌나 마음에 관해 과학적인 연구가 진행된다면 퀄리아를 설명할 수 있을까요? 뇌과학 분야에서 뇌의 활동을 연구하면 우리가 사과를

봤을 때나 아프다고 느꼈을 때 뇌에서 어떤 일이 일어나는지 밝혀낼 수 있습니다. 하지만 지금까지의 뇌과학은 이런 뇌의 활동과 함께 어떻게 해서 '빨갛다'라든가 '아프다'라는 개인적인 체험, 나만의 체험이 생겨나는지까지 설명해 주지는 않습니다.

'알고 있었던' 것과 '실제로 느끼는' 것의 차이(=퀄리아)

물리적
(뇌과학)

뇌 속에서
무슨 일이
일어났는지는
알 수 있다

이게 빨간색이구나!

주관적
(퀄리아)

그 사람이
어떤 체험을
했는지는
타인이 알 수 없다

물리적인 뇌의 활동에서 어떻게 우리의 주관적인 체험이 생겨나는 것일까? 이 문제를 철학에서는 **'의식의 어려운 문제**(The Hard Problem of Consciousness)' 라고 부릅니다※5.

지금까지의 뇌과학으로는 퀄리아를 설명하지 못했는데, 심지어 '앞으로 과학이 훨씬 더 발전하더라도 퀄리아는 설명 못 하지 않을까?'라고 생각하는 사람도 있답니다.

■ 박쥐의 기분은 알 수 없다?

이 문제에 관해 여러분이 좀 더 쉽게 이해할 수 있도록 다른 철학자의 생각도 소개하겠습니다. 미국의 철학자인 **토마스 네이글**은 〈박쥐가 된다는 것은 어떤 것일까?〉라는 제목의 유명한 논문을 썼습니다[※6].

토마스 네이글
(1937~)

미국의 철학자. 〈박쥐가 된다는 것은 어떤 것일까?〉라는 유명한 논문을 써서 물질주의를 비판했다. 윤리학과 정치철학 분야에서도 업적을 남겼다.

박쥐는 초음파를 쏘아서 주위 상황을 감지합니다. 말하자면 소리를 이용한 레이더로 세상을 '보는' 것이지요. 우리는 그 과학적인 구조를 알 수는 있습니다. 하지만 "박쥐가 어떻게 세상을 '체험'하고 있는가?"는 절대 알 수 없지요.

게다가 애초에 박쥐들이 우리와 똑같이 퀄리아를 체험하고 있는지 어떤지도 확실히 알 수 없답니다.

정리

챕터 2에서는 물질과 마음의 차이, 그리고 그 둘의 관계성을 철학의 세계에서는 어떻게 생각하는지에 관해 공부했습니다.

- '모든 것은 물질로 이루어져 있다'라고 생각하는 유물론
- '모든 것은 마음을 통해서 성립한다'라고 생각하는 유심론
- '몸과 마음은 별개다'라고 생각하는 심신 이원론

전부 어느 정도 설득력이 있는 생각들입니다. 그리고 '퀄리아', 그러니까 자신만이 알 수 있는 주관적인 체험을 어떻게 해야 과학적으로 설명할 수 있을까라는 어려운 문제가 있었습니다. 현재의 과학이나 철학으로는 아직 이 문제의 확실한 답을 알 수 없습니다. 의식의 어려운 문제는 과학과 철학 등 여러 관점에서 지금도 연구가 진행되고 있답니다.

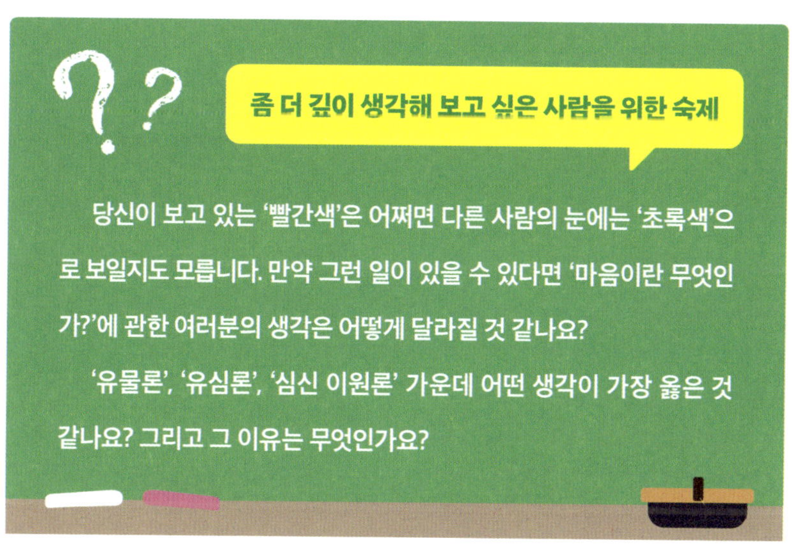

당신이 보고 있는 '빨간색'은 어쩌면 다른 사람의 눈에는 '초록색'으로 보일지도 모릅니다. 만약 그런 일이 있을 수 있다면 '마음이란 무엇인가?'에 관한 여러분의 생각은 어떻게 달라질 것 같나요?

'유물론', '유심론', '심신 이원론' 가운데 어떤 생각이 가장 옳은 것 같나요? 그리고 그 이유는 무엇인가요?

Chapter 3

과학을 초월한 세계의 진짜 구조란?

- 세상을 바라보는 시각이 완전히 뒤바뀔 때

키워드

- 형이상학, 인식론
- 회의론
- 합리주의, 경험론
- 관념론

코페르니쿠스의 지동설은 '지구는 움직이지 않는다'고 믿었던 인류의 상식을 뒤엎었습니다. 그때까지 무조건 옳다고 생각했던 것이 사실은 틀렸던 것이지요.

챕터 3에서는 과학을 초월한 세계의 본질을 생각하는 '형이상학'과 세계에 관한 지식을 얻는 방법에 관해 생각하는 '인식론'이라는 철학의 두 기둥에 대해 공부하겠습니다.

데카르트, 로크, 버클리, 흄 같은 근대 철학자들이 어떤 생각을 했는지 되돌아보면서 세계와 지식의 본질에 관해 곰곰이 생각해 보려 합니다.

코페르니쿠스와 롤러코스터

롤러코스터를 탔다고 상상해 보시기 바랍니다. 보통은 금지되어 있지만, 이번에는 특별히 음료수와 팝콘을 들고 탔다고 가정하겠습니다.

3, 2, 1, 덜컹! 하고 롤러코스터가 엄청난 기세로 출발했습니다. 이때 무슨 일이 일어날까요? 음료수와 팝콘은 사방팔방으로 튀고, 경치가 순식간에 변하면서 바람이 피부를 강하게 때립니다. 롤러코스터의 속도를 몸으로 실감하게 되겠지요.

이번에는 여러분이 의자에 앉아서 조용히 책을 읽고 있다고 생각해 보겠습니다. 롤러코스터를 탔을 때처럼 굉장한 움직임을 느낄까요?

아무리 오감을 동원해서 느껴 보려 해도, 우리는 지구가 굉장한 속도로 움직이고 있음을 느끼지 못합니다.

하지만 지구는 사실 굉장히 빠르게 움직이고 있답니다. 지구가 자전하는 속도는 무려 시속 1,674킬로미터나 되지요. 반면에 롤러코스터가 달리는 속도는 대체로 시속 100킬로미터 정도입니다. 그러니까 지구는 그 열 몇 배나 되는 속도로 돌고 있는 셈이지요. 하지만 우리의 눈앞에 있는 책이 팝콘처럼 사방팔방으로 날아다니는 모습은 볼 수 없습니다.

잠시 시곗바늘을 16세기로 되돌려서 당시 활약했던 **코페르니쿠스**라는 폴란드의 천문학자 이야기를 해 보겠습니다. 그가 그때까지 사람들이 당연한 진리로 여겼던 '천동설'에 반대해 '지동설'을 주장한 이야기는 너무나도 유명하지요.

코페르니쿠스 이전에 살던 사람들은 '우주의 중심에 지구가 있으며 태양이나 다른 행성은 지구의 주위를 돌고 있다'는 천동설을 믿었습니다. 하지만 코페르니쿠스는 '사실 움직이는 것은 지구다. 지구가 태양의 주위를 돌고 있는 것이다'라고 생각했습니다. 그리고 이렇게 생각하는 편이 더욱 단순명료하게 별의 움직임을 설명할 수 있음을 보여줬지요. 이것이 바로 '지동설'입니다.

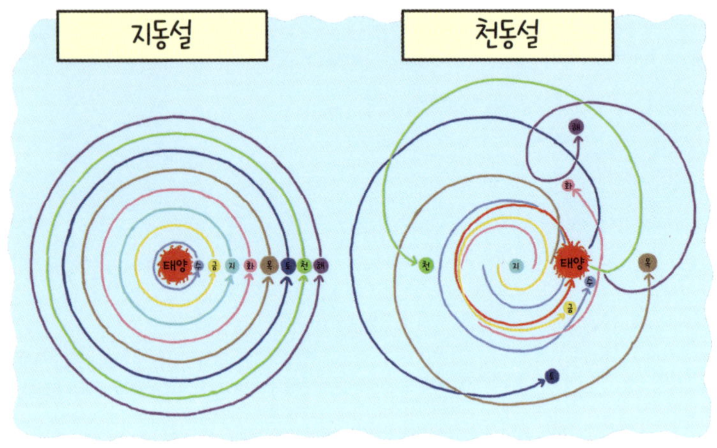

코페르니쿠스의 이 생각은 단순히 천문학만을 바꾼 것이 아닙니다. 인류가 '세상을 바라보는 방식' 자체에 큰 영향을 끼쳤지요.

천문학은 고대 그리스 시대부터 크게 발달해 왔습니다. 그 덕분에 별의 움직임을 매우 정확히 예측할 수 있었지요. 하지만 그럼에도 훌륭한 학자들조차 '지구가 움직이고 있는 것이 아닐까?'라는 의심을 품지는 않았습니다.

그런 환경에서 코페르니쿠스는 그때까지의 상식을 뒤엎었습니다.

'우리는 확실히 알고 있다고 생각하는 것조차 실제로는 알지 못하는지도 몰라.'

'반드시 옳은 지식이라는 것이 정말 존재할까?'

'애초에 「지식」이란 무엇일까?'

코페르니쿠스의 발견은 그때까지 확실하다고 여겨졌던 과학의 인식이 사실은 틀렸음을 밝혀냈습니다.

즉 그때까지 '확실한 사실'로 믿고 있었던 과학의 절대적인 지위가 흔들린 것이지요.

세계의 본질을 어떻게 알 수 있을까?

철학의 핵심 분야에는 **'형이상학'**과 **'인식론'**이 있습니다. 양쪽 모두 고대 그리스 시대부터 이어져 온 전통적인 철학 분야이지요.

'형이상학(ta meta ta physika)'이라는 말은 그리스어인 '메타(meta, 뒤에, 초월해)'와 '피시카(physika, 자연에 있는 것)'에서 유래했습니다. 요컨대 자연에 있는 것의 뒤에 오는 것, 초월한 것이라는 의미이지요.

예를 들어 과학은 우리 주변에 있는 물체나 우주 같은 굉장히 큰 것, 혹은 원자 또는 소립자처럼 아주 작은 것이 '존재한다'는 전제 아래 그런 것들이 일으키는 자연 현상의 구조를 밝혀냅니다.

반면 형이상학은 '「존재한다」는 것은 무엇인가?'라는, 과학이 출발점으로 삼는 전체 자체를 더욱 깊이 생각하는 학문입니다. 요컨내 **형이상학은 우리의 눈에 보이는 자연이라는 세계의 '바깥쪽'이나 '토대'가 되는 것에 의문을 품고 '자연을 초월'해서 세계의 본질을 생각하려 하는 철학**인 것입니다.

한편 '인식론'은 '에피스테몰로지(epistemology)'라고도 부르는데, 그리스어인 '에피스테메(episteme, 지식)'와 '로고스(logos, 논리, 말)'에서 유래했습니다.

형이상학이 '세계 자체'에 관해 생각하는 철학이라면 인식론은 '우리는 그 세

계를 어떻게 알 수 있는 것인가?'를 생각하는 철학입니다.

예를 들면, SNS에는 거짓 정보(가짜뉴스)가 나돌 때가 있습니다. 교과서조차도 시대가 바뀌면 새로 써야 하지요. 그리고 과학계에서도 코페르니쿠스의 지동설처럼 그때까지 믿고 있었던 것이 뒤엎어진 경우가 여러 번 있었습니다. 물론 앞으로도 그런 일은 얼마든지 일어날 수 있습니다.

이처럼 '우리의 지식'이나 '사실'로 여겨지는 것은 때때로 모호하고 불확실한 것이라 할 수 있지요.

같은 세계를 다른 관점에서 바라보는 '형이상학'과 '인식론'

그렇기에 인식론에서는 세계에 관한 우리의 이해나 지식이 정말로 확실한 것인지 비판적으로 검토합니다.

'세계의 본질이란 무엇인가?'를 묻는 형이상학과 '어떻게 해야 그 세계를 알 수 있을까?'를 생각하는 인식론. 이 두 가지는 굉장히 깊은 관계가 있어서 때로는 동시에 가르치거나 연구하기도 했습니다.

챕터 3에서는 근대 철학자들의 생각을 살펴보면서 이 두 분야, 즉 형이상학과 인식론에 관해 공부해 보도록 하겠습니다.

아무리 의심한들 모든 것을 의심할 수는 없다

앞에서 소개했듯이, 코페르니쿠스의 '지동설'은 그때까지 당연하다고 생각되었던 과학을 뒤엎었습니다. 이런 일이 생기면 '우리가 확실히 알고 있다고 생각하는 것이 정말로 옳은 것일까?'라는 의문이 샘솟는 것은 당연한 일이겠지요. 이런 식으로 **지금 있는 지식이나 상식을 정말로 믿어도 되는지 의심하는 사고방식을 '회의론'이라고 합니다.**

코페르니쿠스 이후 회의론의 흐름에 강한 영향을 끼친 철학자는 챕터 2에서도 등장한 **르네 데카르트**(→ 38쪽)입니다.

그는 '아무리 과학이 발전한다 한들 확실한 지식이라는 것이 정말로 존재할까?'라는 의문을 출발점으로 삼아 깊이 생각을 진행했습니다.

그런 데카르트는 《성찰》이라는 책에서 이런 상상을 했습니다. 어쩌면 이 세계에는 굉장히 교활한 악마 같은 존재가 있어서, 다양한 환각으로 우리를 속이고 있는지도 모른다는 상상입니다. 그렇다면 지금 우리가 보거나 듣거나 느끼고 있는 모든 것이 거짓일 가능성도 있습니다.

하지만 데카르트는 '설령 모든 것을 의심하더라도 도저히 의심할 수 없는 것이 딱 하나 있음'을 깨달았습니다.

그것을 표현한 말이 바로 그 유명한 **"나는 생각한다, 고로 나는 존재한다"**(라틴어로는 '코기토 에르고 숨Cogito, ergo sum')입니다.

아무리 모든 것을 의심하더라도, '의심하고 있다'는 것은 적어도 '지금 생각하고 있는 나'는 분명히 존재한다는 의미입니다. 다시 말해 **'생각하고 있는 나라는 존재'만큼은 절대 의심할 여지가 없는 셈**이지요. 이 '절대 의심할 수 없는 것'을 출발점으로 삼고 여기에서부터 논리적으로 확실한 지식을 쌓아 나가자는 것이 데카르트의 생각입니다.

실제로 데카르트는《성찰》에서 "나는 생각한다, 고로 나는 존재한다"를 출발점으로 삼아 신의 존재를 논리적으로 이끌어내고, 더 나아가 우리를 속이는 악마는 존재하지 않는다는 결론을 이끌어냈습니다. 그리고 그런 악마가 없다면 우리가 '확실하고 명확하게 이해하고 있는 것'은 옳다고 믿어도 된다는 결론에 도달했지요.

이처럼 일단은 **이성적인 직감을 통해 '이것은 확실해'라고 느낄 수 있는 것을 출발점으로 논리의 힘을 사용해 지식을 넓혀 나가자는 사고방식을 '합리주의'라고 한답니다.**

합리주의는 데카르트를 비롯해 **스피노자**(네덜란드), **라이프니츠**(독일→22쪽) 같은 '유럽 대륙'의 철학자들을 통해 발전했습니다. 그래서 '대륙 합리주의'라고 부르기도 하지요.

아무리 생각한들 알 수 없다. 경험을 통해서 배우는 것만이 유일한 방법이다

한편, 영국을 중심으로 한 지역에서는 이성을 기반으로 삼아 논리적으로 생각하면 진리에 도달할 수 있다는 합리주의의 발상과는 다른 **'경험론'**이 널리 퍼졌습니다.

경험론은 그 이름처럼 '이성'이나 '논리'가 아닌 '경험'이 확실한 지식을 만들어 낸다는 생각입니다. 이런 경험론을 대표하는 철학자로는 **존 로크, 조지 버클리**(→37쪽), **데이비드 흄** 등이 있지요.

존 로크
(1632~1704)

영국의 철학자. 사람의 마음은 태어날 때 '깨끗한 석판(타불라 라사)' 같은 상태이며, 모든 지식은 경험을 통해서 얻게 된다고 생각했다. 정부의 역할과 자유에 관한 그의 생각은 근대 민주주의의 기초가 되었다.

데이비드 흄
(1711~1776)

스코틀랜드의 철학자. 로크와 버클리의 흐름을 이어받아 경험론을 더욱 발전시켰으며, 인간의 지식은 전부 감각이나 인상에서 유래한다고 생각했다. '인과관계'라든가 '자신'이라는 의식도 마음의 습관에 불과하다고 생각했다.

최대한 단순하게 설명하면, 합리주의와 경험론은 '이성 또는 생각하는 힘 vs. 감각 또는 체험', '이론 vs. 실험', '계산 vs. 데이터' 같은 대조적인 포인트가 있다고 생각하셔도 됩니다.

합리주의와 경험론은 인간에게 천성적으로 갖추고 태어나는 지식이나 사고방식이 있느냐 없느냐를 놓고서도 대립했습니다.

데카르트 등의 합리주의자들은 인간에게는 태어날 때부터 마음속에 지니고 있는 사고방식이 있다고 생각했습니다. 각기 다른 사람이 어떤 경험을 하든 반드시 도달하는, 반대로 말하면 우리의 경험과는 상관이 없는 공통된 사고방식입니다. 그런 기반이 되는 사고방식을 태어날 때부터 마음속에 지니고 있기에 우리 인간은 모두가 똑같이 세상을 바라보고 똑같이 생각할 수 있다는 것이었지요. 수학이나 논리적인 사고방식은 태어날 때부터 마음속에 지니고 있는 것으로, 내일 날씨가 화창하든 비가 내리든 역사가 바뀌든 수학이나 논리는 달라지지 않는다, 경험하는 것이 다르더라도 변함이 없는 사고방식이나 지식이 있다고 생각한 것입니다.

이런 사고방식이나 지식을 **'선천적'**, **'아프리오리(a priori)'**라고 합니다. **경험과 상관없는, 언제나 올바른 사고방식, 진리**를 말하지요.

반면에 로크 등의 경험론자들은 이런 선천적으로 타고나는 지식이 있다는 생각을 부정했습니다. **경험론자들에게 지식의 원천은 경험이기 때문**이지요. 경험과 상관없는 '선천적인 지식' 따위는 존재하지 않으며 전부 경험을 통해서 배운다는 것이 그들의 생각입니다.

로크는 '갓 태어난 인간의 마음속은 완전히 깨끗한 상태다'라고 생각했습니다. 그는 이것을 '타불라 라사(깨끗한 석판)'라는 말로 표현했습니다. 요컨대 **갓 태어난 시점에 우리의 지성은 무한한 가능성을 지니고 있으며, 모든 지식은 이후에 '경험'을 통해 마음속에 기록된다는 생각**입니다.

이처럼 합리주의와 경험론은 지식이 어떻게 탄생하느냐에 관한 생각이 완전히 달랐습니다.

확실히 존재하는 것은 경험뿐

이처럼 로크의 경험론은 인식론의 측면에서는 대륙 합리론과 반대되지만, 우리의 눈앞에 세계가 존재하고 그 세계를 우리가 인식한다는 생각의 큰 틀은 데카르트와 같았습니다. 요컨대 로크와 데카르트의 형이상학에서는 세계가 존재하고, 우리는 그 세계에 관한 지식을 얻는 것입니다.

그런데 **버클리나 흄은 경험론을 더욱 과격하게 발전시켰습니다. 그들의 생각을 간단하게 정리하면, '이 세상에 존재한다고 확신할 수 있는 것은 경험뿐'이라는 것입니다.** 여기에서는 두 사람의 생각을 한꺼번에 설명하겠습니다.

먼저 버클리는 **"존재한다는 것은 인식된다는 것이다"**(라틴어로는 'Esse est percipi')라는 유명한 말을 남겼습니다. 그는 가령 우리가 '책상'이나 '사과'가 존재한다고 느끼는 것은 그것을 '본다', '만진다', '맛본다' 같은 감각을 통해서이며, 사실 그것들은 감각의 덩어리에 불과하다고 생각했습니다. 우리의 감각이나 경험을 초월해서 '정말로 그곳에 있음'을 증명하기는 불가능하다는 것입니다. 요컨대 눈앞에 있는 책도 **그것을 보거나 손으로 만지는 동안에는 "그곳에 있다"라고 말할 수 있지만, 눈을 감고 손에서 내려놓으면 "없다"라고 말할 수밖에 없다**는 이야기이지요.

그렇다면 어떻게 우리 모두가 세상을 똑같이 느끼고 있는 것일까요? 버클리는 그 이유를 신의 지성이 세상을 계속 지켜보고 있기 때문이라고 생각했답니다. 설령 눈을 감고 있어도 책은 그곳에 있으며, 눈을 뜨면 그것을 볼 수 있다. 이것은 신이 이 세상을 항상 지켜보고 있어서라는 것입니다.

버클리의 인식론에 따르면 인간의 지식은 전부 경험에서 탄생하는 것입니다. 그리고 형이상학이라는 '이 세계의 구성'에 관해서도 버클리는 '존재하는 것은 경험뿐이다'라고 생각했지요. 이처럼 **'경험된 지성이나 관념만이 존재한다'는 생각을 '관념론(idealism)'이라고 부릅니다.**

버클리의 '관념론' | 흄의 '경험론'

"존재한다는 것은 인식된다는 것(Esse est percipi)" 즉 존재=지각

지식은 경험을 통해서만 얻을 수 있지만, 경험 이외의 것을 부정하지는 않는다

한편, 흄도 '인간에게 확실한 지식을 주는 것은 경험뿐이다'라고 생각했다는 점에서는 경험론자입니다. 다만 "경험만이 전부다"라고 단언하는 버클리의 관념론에는 동의하지 않았습니다. 흄은 경험의 바깥쪽에 '진짜 현실'이 있는지 어떤지에 관해서는 긍정도 부정도 하지 않았지요.

우리는 '책상'이나 '사과'처럼 감각으로 느낄 수 있는 것밖에 알지 못합니다. 어쩌면 데카르트가 말했듯이 '악마가 우리를 속여서 본래는 아무것도 없는데 있다고 생각하게 만들고 있을' 가능성도 부정할 수는 없지요. 하지만 정말 그런지 어떤지 우리는 알 방법이 없습니다.

그러므로 **우리는 경험을 초월한 것은 알지 못하며, '경험의 바깥쪽에 무엇인가가 있는지' 어떤지 명확하게 말할 수 없다.** 흄은 이렇게 생각했지요.

이와 같은 흄의 경험론에 관해서는 챕터 4에서 좀 더 자세히 살펴보도록 하겠습니다.

정리

이 챕터에서는 근대 철학의 역사를 거슬러 올라가면서 형이상학과 인식론에 관해 공부했습니다. 세계의 본질은 무엇인가? 또한 그것을 어떻게 알 수 있는가?

그리고 데카르트, 로크, 버클리, 흄 같은 유명한 철학자들의 생각을 비교하면서 합리주의와 경험론에 바탕을 둔 인식론을 공부했습니다.

좀 더 깊이 생각해 보고 싶은 사람을 위한 숙제

만약 데카르트, 로크, 버클리, 흄의 생각에 반대한다면 어떤 반론을 생각할 수 있을까요? 각 철학자의 생각에 대해 어떤 빈론이 가능할지 생각해 보고, 또 어떤 철학자의 생각이 가장 공감되는지, 그 이유는 무엇인지 생각해 봅시다.

Chapter

왜 그 일이 반드시 일어난다고 말할 수 있을까? - 원인과 결과의 철학

키워드

- 인과관계
- 인상과 관념
- 마음의 습관
- 초월적 관념론

‘지푸라기를 주웠더니 부자가 되었다’는 재미있는 옛날이야기에도 깊은 철학적 주제가 담겨 있다는 사실을 여러분은 아시나요?
챕터 4에서는 ‘원인과 결과(인과관계)’란 무엇인가에 관해 깊이 생각해 보겠습니다.

종이에 불을 붙였더니 불타올랐다. 이는 지극히 당연한 원인과 결과의 관계입니다. 반면에 지푸라기를 주운 것과 부자가 된 것은 단순한 우연의 관계이지요. 그런데 애초에 원인과 결과란 무엇일까요? 원인이 반드시 결과를 불러올 것처럼 생각되는 이유는 무엇일까요?
챕터 4에서는 너무나 당연해서 보통은 의식하지도 않는 ‘인과관계’에 관해 다시 한번 생각해 보려고 합니다. 당연한 것을 철학의 관점에서 생각해 보면 세상을 바라보는 관점이 완전히 달라질지도 모른답니다.

누구나 지푸라기를 주우면 부자가 될 수 있을까?

아주 먼 옛날에 한 가난한 청년이 살았습니다. 하루는 관세음보살님께 "부자가 되게 해 주세요!"라고 빌었는데, 꿈에 관세음보살님께서 나타나 "처음으로 만진 것을 소중히 여기면 부자가 될 수 있을 것이니라"라고 말씀하셨지요.

잠에서 깨어나 길을 걷던 청년은 발을 헛디뎌 땅을 짚었다가 지푸라기 하나를 만지고 말았습니다. '이게 나를 부자로 만들어준다고?'라는 생각에 당황했지만, 관세음보살님의 말씀대로 그 지푸라기를 들고 계속 길을 걸었지요. 그리고 얼마 후, 등에한테 쏘여서 울고 있는 아이를 만났습니다. 청년은 우는 아이를 달래려고 지푸라기로 말 모양의 장난감을 만들어 아이에게 줬습니다. 아이는 크게 좋아하며 울음을 그쳤지요. 그러자 아이의 어머니가 고마움의 표시로 귤 세 개를 줬습니다. '지푸라기가 귤이 되다니!' 청년은 조금 기분이 좋아졌습니다.

그 후 목이 마른 여행자를 만난 청년은 여행자에게 귤을 줬고, 여행자는 답례로 청년에게 옷감을 줬습니다. '이번에는 귤이 옷감이 되었네!'라고 좋아하며 계속 길을 걸었는데, 이번에는 허약한 말을

끌고 가던 무사와 마주쳤습니다. 그러자 청년을 본 무사가 옷감과 말을 바꾸자고 제안했고, 청년은 허약한 말을 얻게 되었습니다.

청년은 말을 정성껏 돌봐 훌륭한 말로 키워냈습니다. 그랬더니 그 말을 본 어느 저택의 주인이 "논을 줄 테니 그 말을 내게 넘기지 않겠나?"라고 제안하는 게 아닌가요? 청년은 '이게 꿈이야, 생시야?'라며 곧바로 승낙했지요.

이윽고 가을이 되어 큰 풍년이 들었습니다. 그러자 이번에는 상인이 나타나서 "그 논을 내 저택과 바꿉시다"라고 말했습니다. 논을 저택과 바꾼 청년은 마침내 훌륭한 저택의 주인이 되었습니다. 그리고 장사를 시작해 마을 최고의 부자가 되었지요.

지푸라기 하나로 시작해서 큰 부자가 된 청년은 행복하게 살았답니다.

이것은 '지푸라기 부자'라는 옛날이야기입니다. 설령 이 이야기가 실제로 있었던 사건이었다 해도 당연히 "지푸라기를 주우면 부자가 될 수 있다"라고는 말할 수 없습니다. 지푸라기를 주운 뒤에 부자가 되기까지 수많은 우연과 행운이 있었기 때문입니다. 좀처럼 있을 수 없는 일이기에 옛날이야기로서 지금까지 전해져 내려온 것이지요.

그런 '우연한 행운'이 아니라 몇 번씩이나 똑같은 일이 함께 일어났다면 어떨까요? 가령 미국의 메인 주에는 '이혼율이 하락하면 1인당 마가린 사용량도 하락한다'는 데이터가 있습니다[※7]. 이처럼 두 가지 사건이 동시에 일어나는 경우가 많거나 서로 다른 두 가지 사항에 관한 숫자가 동시에 상승 또는 하락하는 것을 **'상관(相關)'**이라고 합니다.

하지만 "이혼율이 하락했기 때문에 1인당 마가린 사용량도 감소했다"처럼 이혼율의 저하와 마가린 사용량의 감소를 원인과 결과로 연결시키는 것은 역시 성급한 생각입니다. 이혼율이 하락해도 마가린 사용량이 감소하지 않는 지역이 많기 때문입니다. 이 경우, 무언가 다른 이유가 있어서 마가린 사용량이 감소했다고 생각하는 것이 자연스럽지요. 요컨대 메인 주에서는 우연히 이혼율의 저하와 마가린 사용량의 감소가 동시에 일어났을 뿐이며, 이혼율과 마가린 사용량 사이에 필연적인 **"인과관계(=한쪽이 다른 한쪽의 원인이 되는 관계)**가 있다"고는 말할 수 없습니다. **'상관관계'가 있다고 해서 반드시 '인과관계'가 있다고는 볼 수 없는 것이지요.**

원인과 결과의 관계

그렇다면 '인과관계'란 무엇일까요? 흔히 **'A라는 사건이 B라는 사건을 일으키는' 관계**를 '인과관계'라고 합니다. 그러므로 'A가 B를 일으켰다'라는 '원리'를 명확히 설명할 수 있어야 하지요.

당구공을 예로 들어 생각해 보겠습니다. 움직이는 공이 정지한 공에 부딪치면 정지한 상태였던 공은 움직이기 시작합니다. 즉 움직이는 공이 정지한 공에 부딪치면 '작용·반작용의 법칙'이 작용해서 정지 상태였던 공이 움직이기 시작하는 것이지요.

하지만 'A가 B를 일으킨다'라는 관계가 반드시 이 당구공의 예처럼 단순하고 알기 쉬운 것만 있지는 않습니다. 애초에 우리는 어떻게 인과관계를 구분할까요? 과거의 철학자들도 이 문제로 골머리를 앓았습니다. 인과관계는 세계의 본질을 탐구하는 형이상학의 중요한 주세 중 하나로서 수없이 토론되어 왔지요.

이 챕터에서는 챕터 3에 등장했던 흄의 **'인과론'**으로 시작해, 칸트의 철학으로 이야기를 진행할 것입니다. 근대 철학 중에서도 특히 유명한 논쟁 중 하나이지요.

인상과 관념이 인식의 기반이 된다

흄의 인과론을 이해하기 위해, 먼저 '인식론'에 관해서 복습해 보겠습니다. 챕터 3에서도 살펴봤듯이 흄은 '경험론'을 주장했습니다. 우리 인간은 경험을 통해서만 확실한 지식을 얻을 수 있다고 생각했지요. 그런 흄의 인식론의 토대가 된 것은 **'인상(impressions)'**과 **'관념(ideas)'**입니다. **'인상'은 오감(본다 · 듣는다 등)을 통한 감각이나 '슬프다', '기쁘다' 같은 감정입니다. 그리고 '관념'은 우리가 생각하거나 떠올림으로써 얻는 인식**이지요.

예를 들어 오늘 저녁밥을 먹으면서 '맛있어!'라고 느꼈다면 그것은 그 자리에서 한 체험인 '인상'이 됩니다. 하지만 다음 날이 되어 '어제 먹은 밥, 참 맛있었지'라고 떠올리는 것은 '인상'이 아니라 '관념'입니다. 기억을 통해 머릿속에서 체험을 재현한 것이기 때문이지요. 다시 말해, **'그 자리에서 한 체험이나 감정을 통한 인식'이 인상이고, '생각이나 기억을 통한 인식'이 관념**인 셈입니다.

또한 흄은 **모든 지식은 그것이 인상이든 관념이든 '단순'한 것 아니면 '복합'된 것으로 분류할 수 있다**고 생각했습니다. 예를 들어 '사과'라는 인식은 '빨갛다', '둥글다', '달콤한 향기가 난다' 같은 단순한 감각이 조합된 복합적인 관념입니다.

우리는 그렇게 생긴 관념을 따로따로 분해하거나 다른 것과 조합해 새로운 이미지를 생각할 수 있습니다. '빨갛다', '맛있다' 등의 관념을 다른 과자와 조합해 상상 속에서 '빨갛고 맛있는 과자'를 떠올릴 수도 있지요.

하지만 우리가 사신의 인상이나 관념을 완전히 제멋대로 조합하거나 분해하는 것은 아닙니다. 우리의 생각이나 사고에는 어느 정도 정해진 패턴 혹은 법칙 같은 것이 있어서 일정 수준의 질서를 유지하기 때문입니다. 모두가 인상이나 관념을 엉망진창으로 조합한다면 서로를 이해하기는 불가능할 것입니다.

그래서 흄은 **우리의 관념이나 인상은 '유사(비슷한 것)', '인접(가까이 있는 것)', '인과(원인과 결과)'라는 세 가지 원리를 통해서 결합된다**고 생각했습니다.

가령 '빨간색'을 떠올렸다면 그와 비슷한 '분홍색'이라든가 '오렌지색'을 떠올릴 때가 있습니다. 이는 '유사'의 원리이지요. 또 뉴욕이라는 말을 들으면 '미국'을 떠올리고, '고려 시대'라는 말을 들으면 '삼국 시대'나 '조선 시대'를 연상하는 것은 '공간적·시간적으로 가깝기(=인접)' 때문입니다.

그중에서도 **흄이 가장 중요한 원칙으로 생각한 것은 '인과'의 관계**입니다. '불과 연기', '부모와 자식', '병과 죽음' 등, 우리는 다양한 사건을 '원인과 결과(인과관계)'로서 이해합니다. 흄은 우리의 인식이 제각각이지 않고 어느 정도 공통적이면서도 질서가 있는 것은 이 세 가지 원리 덕분이라고 생각했답니다.

원인과 결과는 마음의 습관이다

그렇다면 왜 이 세 가지 원리가 우리의 인식에 영향을 끼치는 것일까요? 특히 이 챕터의 주제인 '원인과 결과'에 관해서는 어떻게 생각해야 할까요?

앞에서 이야기했던 당구공의 예를 한 번 더 떠올려 보시기 바랍니다. 움직이는 공 A가 정지 상태의 공 B에 부딪치는 장면입니다. 이때 주목해야 할 중요한 점이 몇 가지 있습니다.

우리는 경험을 통해서 '○○이니까 ●●이 된다' 라는 인과를 믿어 버린다

첫째는 A가 B에 부딪치는 사건과 B가 움직이기 시작하는 사건이 시간적으로나 공

간적으로나 매우 가깝다는 점입니다.

둘째는 A가 부딪치는 것이 먼저이고 B가 움직이는 것이 나중이듯이 두 사건 사이에 순서가 있다는 점입니다.

셋째는 이런 사건이 당구공의 예뿐만 아니라 다른 곳에서도 자주 발견됨으로써 '움직이는 물건이 정지 상태인 물건에 부딪치면 반드시 어떤 움직임이 발생한다'고 느낄 수 있다는 점입니다.

이처럼 **인과관계는 '시간적·공간적으로 가깝다', '순서 관계가 있다', '원인이 일어나면 반드시 결과가 일어난다'라는 세 가지 요소로 구성되어 있는 것**입니다.

그런데 흄은 여기에 의문을 제기했습니다.

첫째와 둘째는 우리가 실제로 경험해서 인식할 수 있는 것입니다. A가 B에 부딪친 것이나 그 직후에 B가 움직인 것은 눈으로 보거나 확인함으로써 사실이라는 것을 알 수 있지요. 하지만 셋째는 어떨까요? 왜 우리는 A가 B에 부딪치는 것이 '반드시' B가 움직이는 결과로 이어짐을 아는 것일까요? 그 이유는 우리가 움직이는 물건이 정지 상태의 물건에 부딪치면 정지 상태였던 물건이 움직이는 모습을 과거에 수없이 봐 왔기 때문입니다. 그런 경험을 바탕으로 '다음에도 똑같은 일이 일어나겠지'라고 생각하는 것이지요.

하지만 흄의 경험론과 같은 관점에서 생각하면 확실한 지식은 어디까지나 '경험'에서만 얻을 수 있는 것입니다. 그 관점으로 돌아간다면, 우리가 과거에 일어났던 사건에서 배울 수 있는 것은 그때 그 일이 일어났다는 것뿐입니다. 움직이는 공이 충돌하자 정지 상태였던 공이 움직이기 시작했다는 것뿐이지요. 하지만 그 경험만으로는 그 후에 움직이는 물건이 정지 상태인 물건에 부딪쳤을 때 같은 일이 일어날지 어떨지 알 수 없습니다. 과거의 경험만으로는 과거에 일어났던 일이 미래에도 일어날지 알 수 없는 것이지요.

요컨대 경험에서는 '앞으로도 같은 일이 일어날 거야'라는 미래에 대한 지식을 얻을 수 없다는 말입니다. 우리가 경험할 수 있는 것은 어디까지나 '지금까지 일어났던 일'뿐이며, '앞으로 일어날지도 모르는 일'은 포함되어 있지 않습니다.

그런데도 우리는 왜 '부딪힌 공은 반드시 움직인다'고 굳게 믿는 것일까요?

이 의문에 흄은 이렇게 대답했습니다. 반복해서 일어나는 현상을 경험한 우리는 마음의 '습관' 또는 '익숙함'으로 인해서 '다음에도 같은 결과가 일어날 거야'라고 느끼게 된다고요.

움직이는 당구공이 정지 상태의 당구공에 충돌하자 정지 상태였던 당구공이 움직이는 광경을 반복해서 보는 사이에 우리의 마음은 인과관계를 '자연스럽게 연결하게' 됩니다. 똑같은 광경을 보고 또 보는 사이에 자연스레 '부딪히면 움직일 거야'라고 예측하게 되는 것이지요. 그때 마음속에 생겨나는 '다음에도 같은 결과겠지'라는 강한 확신 또는 감각이 바로 필연성이라는 감각의 원천이 된다고 흄은 생각했습니다.

마음의 습관이라면 과학은 어떻게 되는 걸까?

여기까지 읽고 '인과 관계는 마음의 습관이다'라는 흄의 생각에 수긍한 사람이 많을지도 모르겠습니다. '그야 그렇지. 모든 건 마음의 습관이야'라는 식으로 말이지요.

하지만 당시 사람들은 이 흄의 생각을 굉장히 참신하다고 여기는 동시에 중대한 문제로 받아들였습니다. 흄이 등장하기 전까지 철학자들은 '인과관계는 객관적인 것'이라고 생각했기 때문입니다. 즉 우리의 마음이나 기분과는 상관없이 물체와 물체 사이에 실제로 존재하는 힘이나 법칙이 있다고 믿었던 것이지요.

가령 '불이 물건을 태우는' 것은 불에 '태우는 힘'이 있어서라고 믿었습니다. 또 '물을 뿌리면 불이 꺼지는' 것은 물에 '불을 끄는 힘'이 있어서라고 믿었지요. 이처럼 당시 사람들은 인과관계란 우리의 마음과 상관없이 사물과 사물 사이에 실제로 존재하는 물리 법칙이나 세상의 구조 자체에 포함되어 있는 것이라고 생각했습니다.

이는 이것대로 과학의 관점에서 보면 지극히 자연스러운 생각입니다. 가령 아이작 뉴턴의 '만유인력의 법칙(보편중력의 법칙이라고도 합니다)'에서는 거대한 별과 별이 서로를 끌어당김으로써 태양계의 별들이 일정하게 움직인다고 설명합니다. 이와 같은 중력이 만들어내는 인과관계는 우리의 마음이 어떻게 느끼느냐와 상관없이 자연법칙으로서 성립하는 것이지요.

과학이 성립하려면 그런 '객관적인 인과관계'가 있다는 전제가 필요합니다.

그런데 흄은 "인과관계는 물체와 물체 사이에 객관적으로 존재하는 것이 아니다"라고 주장했습니다. **'우리의 마음이 만들어내는 것. 반복된 경험이 만들어낸 마음의 습관'**이라는 것이지요.

이는 당시 사람들에게 매우 중대한 문제였습니다. 왜냐 하면 흄이 살았던 18세기 무렵에는 이미 과학의 수준이 굉장히 높았기 때문입니다. 흄이 태어나기 이전에 이미 뉴턴이 만유인력의 법칙을 사용해 별의 위치를 굉장히 정확하게 예측했고, 갈릴레오 갈릴레이는 목성의 위성과 달의 크레이터를 발견했으며, 로버트 보일은 '보일의 법칙'을 통해 기체의 부피와 압력의 관계를 제시했습니다. 그뿐만이 아닙니다. 라이프니츠는 수학 분야에서 미적분을 발전시켰지요.

그런 과학적인 진보가 점점 사람들의 세계관을 형성하고 있는 상황에서 "인과관계는 마음의 습관에 불과하다"라는 주장이 받아들여진다면 과학 자체의 기반이 흔들리게 됩니다.

'인과관계'라든가 '객관적인 지식'이라고 생각되었던 것이 사실은 심리적인 습관이나 반복 경험에 불과하다면 우리는 무엇을 믿어야 할까요? 확실하다고 생각했던 과학 지식의 근간은 어떻게 되는 걸까요? 이성이나 경험을 통해 얻는 '필연적인 진리'는 정말로 존재하는 것일까요?

이런 의문에 도전했던 사람이 흄의 다음 세대 철학자인 **이마누엘 칸트**입니다.

이마누엘 칸트 (1724~1804)

독일의 철학자. 인간은 경험뿐만 아니라 시간이나 공간 등 어떤 일정한 렌즈를 통해서만 이해할 수 있다고 생각했다.

인과관계 없이는 세계를 인식할 수 없다

칸트는 **'과학을 포함한 우리의 지식은 감각을 통해 얻는 경험의 요소와 우리의 마음 또는 이성이 지닌 틀의 요소가 섞여서 만들어진다'**고 생각했습니다.

여러분이 이해하는 데 도움이 되도록, 이 생각을 컴퓨터의 정보 처리에 비유해 보겠습니다. 여러분도 아시겠지만, 컴퓨터는 '1'과 '0'으로 구성된 숫자의 배열(데이터)을 읽어 들입니다. 이것이 우리가 오감을 통해 받아들이는 '감각적인 경험'이라고 생각해 주십시오. 하지만 이것 자체로는 아무런 의미도 지니지 못합니다. 그 '1'이나 '0'의 방대한 배열을 해석하기 위한 규칙이나 틀이 주어졌을 때 비로소 인식할 수 있지요.

이와 마찬가지로, 칸트는 우리 인간의 마음속에도 세계를 이해하기 위한 '틀'이 있다고 생각했습니다. 그 대표적인 틀이 바로 '공간'과 '시간'입니다. 우리는 무언가를 보거나 들을 때 반드시 '어디에서(공간)', '언제(시간)' 무슨 일이 일어났는지를 한 세트로 인식합니다.

그리고 칸트는 이 '틀' 속에 '인과관계'도 포함되어 있다고 생각했습니다. 즉 '원인이 있어서 결과가 있다'라는 형태로 사물을 이해하는 것은 처음부터 사람의 마음속에 갖춰진 인식의 틀이라는 이야기입니다.

이는 반대로 말해, **인과관계의 틀이 없으면 우리는 세상을 이해하지 못한다**는 의미가 됩니다.

그러므로 움직이는 당구공이 정지 상태의 당구공에 부딪쳤을 때 정지 상태였던 당구공이 움직이기 시작하는 인과관계를 우리가 '당연하다'고 이해할 수 있는 것은 '세계의 인과관계의 비밀을 밝혀냈기 때문'이 아닙니다. 우리가 항상 인과관계의 틀을 사용해서 세계를 인식하기 때문이고, **"우리가 '인과관계의 안경'을 통해 세상을 바라보기 때문"**이지요. 이처럼 인간의 마음속에 갖춰진 '인식의 틀'이 우리의 경험과 결합할 때 비로소

'지식'이 생겨난다는 것이 칸트의 생각이었습니다.

칸트는 자신의 이런 생각을 **'초월적 관념론'**이라고 불렀습니다. 그는 '마음속의 관념만이 존재한다'라는 버클리 등의 관념론을 부정했습니다. 우리의 주관적인 경험 외에 '세계 그 자체'가 존재함을 분명히 인정한 것이지요. 그런 다음 '그렇다면 우리는 그 세계를 어떻게 이해하고 있는가?'라는 인식의 틀을 주관의 '바깥쪽에서' 살펴보려 했습니다.

그래서 '초월적'인 '관념론'인 것입니다.

또한 칸트는 경험론과 합리주의의 대립도 극복했습니다. 경험론처럼 '경험에서 배우는 것의 중요성'을 인정하면서도 합리주의처럼 '인간의 이성에는 타고난 힘이 있다'라는 생각도 받아들였지요. 칸트는 그 양쪽을 모두 중요하게 여기면서 **'지식은 경험과 이성이 합쳐졌을 때 비로소 성립한다'** 라는 새로운 발상을 제시한 것입니다.

정리

이 챕터에서는 '원인과 결과'라는 인과관계를 철학의 관점에서 생각해 봤습니다. 흄은 결정론의 관점에서 인과관계는 '마음의 습관'에 불과하다고 생각했습니다.

하지만 이렇게 생각하면 과학처럼 '확실한 지식'을 쌓기가 어려워집니다.

그래서 등장한 인물이 칸트입니다. 칸트의 '초월적 관념론'에서는 '인과관계는 우리의 마음속에 있는 인식의 틀이며, 그것이 있기에 우리는 세상을 이해할 수 있다'고 생각합니다.

이렇게 해서 칸트는 '인간은 왜 인과관계를 이해할 수 있는가?', '세계의 필연적인 법칙을 어떻게 이해할 수 있는가?'라는 의문에 새로운 답을 제시한 것입니다.

좀 더 깊이 생각해 보고 싶은 사람을 위한 숙제

챕터 4에서 공부한 것을 바탕으로 흄의 경험론이나 칸트의 초월적 관념론에 관해 좀 더 자세히 조사해 봅시다. 생성 AI한테 궁금한 점을 물어보고, 수긍이 가지 않는 부분이 있다면 반론을 제시하고 생성 AI가 어떻게 반응하는지 살펴봅시다.

Chapter

5

그 책임은 누구에게 있을까?
- 몰랐다고 해서 벗어날 수는 없는 책임의 윤리학

키워드

- 윤리적 책임
- 행동의 의도
- 결과의 인식

이 챕터에서는 '책임'에 관해서 생각해 보겠습니다.

누군가를 다치게 했을 때, 그 사람에게 책임이 있는지 없는지 판단하는 포인트는 그 사람이 '일부러 그랬는가(의도)?'와 '그렇게 될지도 모른다는 것을 알고 있었는가(인식)?'입니다.

하지만 몰랐다고 하면 반드시 책임으로부터 자유로워질 수 있는 것일까요? 알아 둬야 할 것을 의도적으로 무시했거나 주위에 대한 배려가 부족했다면 책임을 물을 수 있을지도 모릅니다. 챕터 5에서는 '책임'에 관해 가설을 세우고 검증하면서 철학의 세계에서는 어떻게 논의를 진행하는지 체험해 보도록 하겠습니다.

친구가 다친 것은 누구의 책임일까?

먼저 다음과 같은 세 가지 상황을 함께 생각해 보겠습니다.

주요 등장인물은 철수와 영호입니다. 둘은 원래 사이가 좋은데, 어느 날 사소한 일로 다툼을 벌였습니다. 화가 잔뜩 난 철수는 자신의 기분을 확실히 전하고자 영호를 근처 공원으로 불러냈지요. 그런데 철수가 자신의 기분을 열심히 이야기하는 동안 영호는 먼 곳을 바라볼 뿐 철수의 이야기를 귀담아듣지 않는 모습이었습니다. 과연 그 뒤에 어떤 일이 일어났을까요? 여기에서는 세 가지 다른 상황을 살펴보겠습니다.

상황 1: 라이트훅

자신의 이야기를 듣는 둥 마는 둥 하는 영호의 태도를 본 철수는 결국 분노가 폭발해 버렸습니다. 자신도 모르게 오른 주먹을 날려 영호의 코를 힘껏 때렸지요! 영호의 얼굴은 퉁퉁 부어올랐고, 병원에서 전치 1주의 진단을 받았습니다.

상황 2: 밀쳐진 기세로 박치기

화가 난 철수가 영호를 노려보고 있는데, 근처에서 놀고 있던 한 아이가 앞을 제대로 보지 않고 달려오다 철수의 등에 부딪혔습니다. 그리고 갑작스러운 충돌에 균형을 잃고 앞으로 꼬꾸라지던 철수의 머리가 영호의 얼굴에 정통으로 부딪혔지요! 영호의 얼굴은 퉁퉁 부어올랐고, 역시 병원에서 전치 1주의 진단을 받았습니다.

상황 3: 날아온 공이 명중

철수가 큰소리로 불만을 이야기하자 영호도 발끈해서 맞받아쳤고, 두 사람은 주위 사람들이 보는데도 아랑곳하지 않고 말싸움을 벌였습니다. 그런데 근처에서 농구를 하던 아이가 던진 공이 날아와 영호의 얼굴에 맞았습니다! 영호의 얼굴은 퉁퉁 부어올랐고, 역시 병원에서 전치 1주의 진단을 받았습니다.

불쌍한 영호…. 모든 상황에서 얼굴이 퉁퉁 붓는 부상을 입었네요.

그건 그렇고, 잠시 생각해 봅시다. 상황 1, 2, 3 중에서 철수에게 책임이 있는 상황은 무엇일까요?

■ 자신의 의지로 했다면 역시 책임이 있다

먼저 상황 1. '라이트훅'부터 생각해 보겠습니다. 이 경우는 아주 알기 쉬워서, 대부분이 '철수에게 책임이 있다'라고 생각할 것입니다. 싸움의 내용이나 영호가 이야기를 듣는 둥 마는 둥 한 것은 중요하지 않습니다.

철수는 자신의 의지로 주먹을 날렸습니다. 그리고 그 주먹이 영호의 얼굴에 맞으면 영호가 다칠 거라는 것도 당연히 인식했을 터입니다. 그 결과 영호의 얼굴이 퉁퉁 부어올랐습니다. 다시 말해 '일부러' 했고, '어떻게 될지'도 알고 있었습니다. 그러므로 이 경우는 철수에게 책임이 있다고 생각할 수 있습니다.

그렇다면 상황 2. '밀쳐진 기세로 박치기'는 어떨까요? 이 경우, 철수

상황 1: 의도 있음, 인식 있음

상황 3: 의도 있음, 인식 없음

상황 2: 의도 없음, 인식 없음

는 자신의 의지로 박치기를 한 것이 아닙니다. 어떤 아이가 부딪치는 바람에 등을 떠밀려서 앞으로 꼬꾸라졌을 뿐이지요. 다시 말해 철수에게는 박치기를 할 생각도 없었고 자신의 힘으로 막을 수도 없었습니다. 그러므로 이 경우는 철수에게 책임이 있다고 말할 수는 없을 것 같습니다.

상황 3. '날아온 공이 명중'은 어떨까요? 분명히 철수는 자신의 의지로 영호를 공원으로 불러냈습니다. 하지만 그곳으로 농구공이 날아올 줄은 전혀 예상하지 못했을 터입니다. 다시 말해 '영호를 공원으로 불러낸다'라는 행위는 스스로 결정했지만, 그 탓에 영호가 다칠 것이라고는 인식하지 못했지요. 그러므로 이 경우도 철수에게 책임이 있다고는 말하기 어려워 보입니다.

이렇게 세 가지 상황을 생각해 보면, 누군가의 행동에 관해 '선하다'든가 '악하다'고 판단하거나 그 사람에게 책임을 물을 경우 중요한 것은 그 사람의 **'의도'**와 **'인식'**이라는 것을 알 수 있습니다.

상황 1의 철수는 자신이 주먹(라이트훅)을 내지르려고 '의도'했고, 그 결과 어떻게 될지도 '인식'하고 있었습니다.

상황 2의 경우는 '의도'가 없었으며 전적으로 우연입니다.

상황 3의 경우는 '공원으로 불러낸다'라는 행위 자체에는 '의도'가 있었지만, 그것이 영호를 다치게 만들리라고는 '인식'하지 못했습니다. 그러므로 상황 2와 3의 경우는 철수의 책임을 물을 수 없지 않을까요?

이렇게 생각하면, **윤리적 책임을 묻기 위해서는 행동하는 사람의 '의도'와 그 결과 일어날 수 있는 결과에 대한 '인식'이 모두 갖춰질 필요**가 있는 것으로 생각됩니다.

■ 몰랐다면 책임을 피할 수 있다?

이런 도식, 즉 '책임 → 의도 + 인식'은 사실 고대 그리스의 철학자인 **아리스토텔레스**가 살았던 시절부터 윤리적인 책임을 따질 때의 중요한 요소로 생각되어 왔습니다.

아리스토텔레스
(기원전 384~기원전 322)

고대 그리스의 철학자. 온갖 학문의 기초를 만들었으며, '인간이란 무엇인가?'를 끊임없이 생각했다. '덕을 지니는 것'이 좋은 삶의 자세라고 생각했으며, 현실 세계를 중요하게 여겼다.

'윤리학'은 철학의 커다란 분야 중 하나로, 우리가 하는 행동의 '좋고 나쁨'이나 '책임' 등에 관해서 생각합니다. 철학의 역사가 시작되었을 무렵부터 줄곧 다뤄진 주제이지요.

'의도'에 관해서는 다음 챕터에서 다루도록 하고, 챕터 5에서는 '인식'에 초점을 맞춰 현대 철학의 논의를[※8] 간략하게 소개하겠습니다.

먼저 앞에서 생각했듯이 '행동의 결과를 미리 인식하고 있었다면' 그 행동에 대해 책임이 있다는 생각을 다음과 같은 가설로 정리해 보겠습니다.

가설 1 책임 → 결과의 인식

상황 3. '날아온 공이 명중'의 경우, 철수가 영호를 공원으로 불러냈고 그 결과 영호가 다쳤다는 점은 다른 장면과 같습니다. 하지만 철수가 영호를 다치게 하려는 생각으로 공원으로 불러낸 것은 결코 아니었습니다.

가설 1에 따르면, 책임을 묻기 위해서는 '어떤 결과가 일어날지'를 미리 인식하고 있었어야 합니다. 다시 말해 이 가설에 따르면 철수에게는 책임이 없는 셈이지요.

몰랐다고 해서 책임을 피할 수는 없다

하지만 생각해 봅시다. 가설 1이 정말로 옳을까요?

여러분 자신이 어떤 행동을 한 결과 나쁜 일이 일어났습니다. 여러분은 그 나쁜 일이 일어난 줄 전혀 몰랐습니다. 그럼에도 "몰랐다고 해서 책임을 피할 수는 없어!"라며 책임을 추궁당하는 그런 상황을 상상해 보시기 바랍니다.

가령 다음과 같은 상황은 어떨까요?

한밤중에 간호사 마이크가 쉬려고 휴게실로 가는데 메리의 병실에서 신음 소리가 들렸습니다. 마이크는 '어쩌면 환자에게 뭔가 문제가 생겼는지도 몰라'라고 생각했지만, 너무 피곤해서 '뭐, 별일 아니겠지'라고 생각하며 곧장 휴게실로 가 버렸습니다.

그리고 수 시간 후, 메리의 증세는 심하게 악화되고 말았습니다. 만약 그때 마이크가 메리의 상태를 확인하고 빠르게 대응했더라면….

이 경우, 마이크는 메리의 증세가 악화될 것을 정확히는 알지 못했습니다. 하지만 그렇다고 해서 전혀 책임이 없다고는 말할 수 없어 보입니다. 특히 문제가 되는 것은 마이크가 비정상적인 신음 소리를 듣고 '상태를 확인해 봐야 하는 게 아닐까?'라고 생각했음에도 무시하고 지나쳐 버린 점입니다. 요컨대 **'몰랐다'가 아니라 '알아야 한다고 느꼈음에도 일부러 알지 않으려 했다'고 할 수 있습니다. 이것이 문제**인 것입니다.

이처럼 자신의 행동이 어떤 결과를 불러올지 몰랐다 해도 '알아야 함을 깨달았지만 방치했을' 경우는 역시 책임을 피할 수 없을 듯합니다.

이렇게 생각하면, 앞에서 세운 가설 1은 책임을 판단하는 기준으로서 조금 단순해 보입니다. 알아야 할 것을 일부러 방치한 경우도 책임을 물을 수 있는 사례에 추가할 필요가 있습니다. 그러면 다음과 같은 새로운 가설을 생각할 수 있습니다.

가설 2 **책임** ↗ **결과의 인식** **또는** ↘ **알아야 할 것을 일부러 방치**

즉 ① 결과를 인식하고 있었거나, ② 알아야 했던 것을 일부러 방치했거나 둘 중 하나에 해당한다면 책임이 있는 것입니다.

■ 매출이 최우선인 판매원에게 책임은?

하지만 마이크처럼 '알아야 할 것을 일부러 방치하지' 않았더라도 역시 책임을 물어야 할 경우가 있을 듯합니다.

이를테면 이런 상황을 생각해 보겠습니다.

제임스는 집을 파는 일을 하고 있습니다. 그는 매출을 가장 중요하게 여기는 판매원으로, 최대한 많은 집을 팔려고 합니다. 물론 거짓말을 하거나 법을 어기지는 않습니다만, 집을 사려는 사람이 희망 사항을 말해도 무시하고 뛰어난 말솜씨로 적당히 얼버무리면서 계약을 따내곤 했습니다. 그 결과 클레임(불만)과 분쟁이 끊이지 않고 있지요.

물론 제임스가 특별히 악의가 있어서 고객의 희망 사항을 무시한 것은 아닙니다. 어디까지나 자신이 다니는 회사의 이익과 자신의 승진을 위해서 매출을 높이려 했을 뿐이지요. 하지만 그럼에도 제임스와 같은 판매 방식, 그러니까 타인의 상황을 고려하지 않고 억지로 계약을 성사시키려 하는 방식은 역시 책임을 물어야 한다는 생각이 들지 않으시나요?

즉 **'알아야 할 것을 일부러 방치한' 것이 아니더라도 책임을 물어야 하는 경우가 있다**는 말입니다.

그렇다면 어떤 때 '자기 행동의 결과를 인식하지 못했더라도' 책임이 발생할까요?

마이크의 경우는 업무상의 주의를 게을리한 것이 문제였습니다. 그리고 제임스의 경우는 이기적인 가치관, 다시 말해 매출만 중요하게 여기고 다른 것은 신경 쓰지 않는 자세에 문제가 있다고 말할 수 있습니다.

이처럼 **결과를 예상하지 못했더라도 그 사람의 자세나 사고방식에 윤리적인 문제가 있었던 탓에 나쁜 결과가 나타났다면 그 사람에게 책임이 있다**고 생각할 수 있을 듯합니다.

이렇게 생각하면 우리의 가설은 다음과 같이 수정할 수 있습니다.

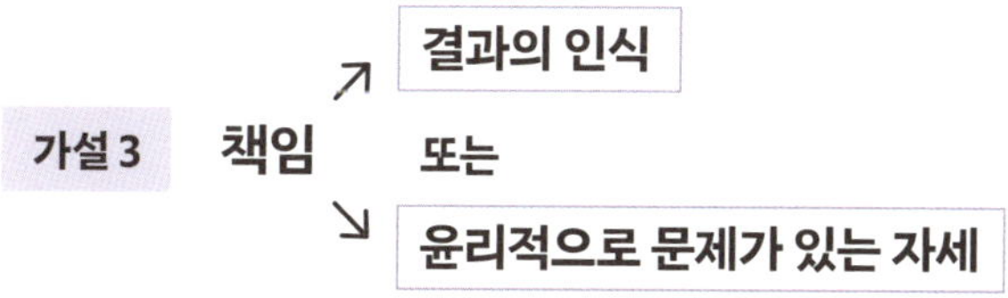

가설 3 **책임** ↗ **결과의 인식** **또는** ↘ **윤리적으로 문제가 있는 자세**

즉 ① 결과를 인식하고 있었거나, ② 윤리적으로 문제가 있는 자세로 행동했거나, 둘 중 하나에 해당한다면 책임이 있는 것이지요.

■ 로마에 가면 로마법을 따르라

자, 이제 드디어 철학적 사고에 가까워졌네요.

평소에 우리는 '책임이란 무엇인가?'에 관해서 거의 생각하지 않는지도 모릅니다. 하지만 너무나도 당연하다고 생각해서 신경도 쓰지 않던 것을 다시 한번 깊이 생각해 보는 것이야말로 철학의 본질이지요. 또한 지금까지 살펴봤듯이 먼저 가설을 세워 보고 그 가설이 적용되지 않는 상황이 없는지 생각하면서 가설을 수정하는 생각의 흐름도 철학의 기본적인 사고법 중 하나랍니다.

그러면 다시 논의를 이어 나가겠습니다. 앞의 가설 3은 옳은 가설일까요? 아쉽지만 아직도 이것만으로는 설명할 수 없는 상황이 있어 보입니다. 가령 이런 상황을 생각해 보겠습니다.

저는 평소에 지인들에게 자전거를 자주 빌려주는데, 어느 날 기어 부품이 빠진 것을 모른 채 친구에게 자전거를 빌려줬습니다. 그리고 이 때문에 자전거가 망가지면서 그 자전거를 타던 친구도 다치고 말았지요.

이 경우, 기어의 부품이 빠진 것을 '몰랐던' 저는 기어에 문제가 있음을 '인지'하지 못했습니다. 또한 친절을 베푸는 마음에서 자전거를 빌려줬을 뿐, '알아야 할 것을 일부러 방치했다'고도 말할 수 없습니다. 게다가 저는 평소에 성실하게 행동했기에 제임스처럼 '윤리적으로 문제가 되는 행동'도 없었다고 가정하겠습니다.

하지만 그럼에도 친구가 다친 것에 대해서 책임이 전혀 없다고 당당하게 말할 수 있을까요? 왠지 '조금은 내 책임이 있는 것 같아'라고 느끼는 사람도 많을 것 같다는 생각이 듭니다.

또 다른 예도 생각해 보겠습니다.

외국에서 놀러 온 루이스가 여러분의 집에 신발을 신은 채로 들어와 돌아다니는 바람에 방바닥이 더러워졌습니다. 한국과 일본 등 아시아의 많은 국가에서는 집 안에서 신발을 벗는 습관이 있습니다. 최근에는 이런 사실이 전 세계 사람들에게 많이 알려졌지만, 모든 외국인이 알고 있는 것은 아니지요. 아마 루이스 역시 악의가 있었다거나 차별적인 생각이 있었던 것은 아니었을 터이며, 딱히 태도에 문제가 있었다고도 생각

되지 않습니다. 하지만 '매너를 지키지 않았다', '바닥을 더럽혔다'는 점에 대해서 루이스가 책임을 추궁당할 여지는 충분히 있을 것입니다.

이런 경우를 생각한다면 가설 3을 어떻게 수정해야 할까요?

자전거의 경우도, 방바닥의 경우도, 공통되는 점은 **'상식적으로 생각했을 때 어느 정도의 배려가 필요했다'**는 것입니다.

자전거의 경우, 낡은 자전거를 이 사람 저 사람에게 자주 빌려줘서 어딘가에 문제가 생겼을지도 모른다고 예상할 수 있었을 터입니다. 그렇다면 자전거를 빌려주기 전에 최소한의 점검은 했어야 했습니다.

방바닥의 경우도 루이스가 여행 목적으로 한국에 온 이상 '방문하는 나라의 매너를 어느 정도는 알아봤어야 했다'고 말할 수 있을 것입니다.

그렇게 생각하면 이런 경우는 **'평범하게 기대되는 형태로 사회의 윤리적인 규칙을 따르지 못했기에'** 책임이 있다고 생각할 수 있습니다.

그렇다면 가설을 다음과 같이 수정할 수 있을 듯합니다.

가설 4 책임 → 일반적으로 기대되는 수준의 윤리적인 규칙을 위반

요컨대 의도했든 의도하지 않았든, 의식했든 의식하지 않았든 상관없이 '보통이라면 이렇게 해야 한다'고 기대되는 행동이나 규칙을 따르지 않았을 때 사람은 책임을 추궁당한다는 생각입니다.

논의가 상당히 진행되었네요. 우리는 '결과를 인식하고 행동했을 때 책임이 발생한다'는 생각에서 출발했습니다. 가령 철수의 라이트훅은 '상대가 다칠지도 모른다'는 것을 알면서도 주먹을 내질렀기에 철수에게 책임이 있다고 생각했지요.

하지만 그 뒤에 이야기한 여러 상황, 이를테면 마이크의 예처럼 '알아야 했음에도 방치했을' 경우나 루이스와 자전거의 예처럼 '보통은 이렇게 했어야 했다'라는 배려가 부족했을 경우 등을 살펴보며 가설을 조금씩 수정했습니다.

그 결과 가설 4에서 "책임을 묻는 데 '의식'은 필요 없다"라는 생각에 도달했지요.

요컨대 처음에 세웠던 '결과를 인식하고 행동했을 때 책임이 발생한다'라는 가설 1이 수정을 거듭한 결과 최종적으로는 완전히 다른 가설이 된 것입니다.

정리

이 챕터에서는 철학의 한 분야인 '윤리학' 중에서도 '윤리적 책임'에 관해서 생각했습니다.

자신이 한 행동의 결과로 어떤 나쁜 일이 일어났을 때, 사람은 어떤 경우에 책임을 추궁당할까? 그리고 그 책임에는 어떤 조건이 있을까?

먼저 가설을 세우고, 그것이 적용되지 않는 예를 생각해 봄으로써 새로운 가설로 수정해 보았습니다. 이와 같은 철학의 기본적인 사고 과정을 실제로 철학적 논의를 하면서 체험하는 기회가 되었으리라 생각합니다.

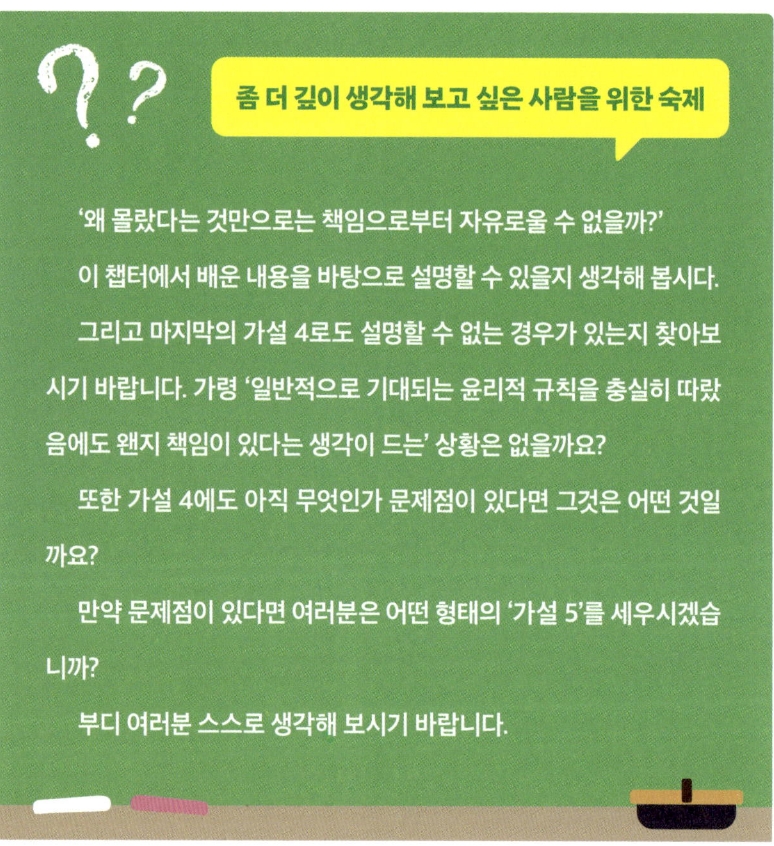

좀 더 깊이 생각해 보고 싶은 사람을 위한 숙제

'왜 몰랐다는 것만으로는 책임으로부터 자유로울 수 없을까?'

이 챕터에서 배운 내용을 바탕으로 설명할 수 있을지 생각해 봅시다.

그리고 마지막의 가설 4로도 설명할 수 없는 경우가 있는지 찾아보시기 바랍니다. 가령 '일반적으로 기대되는 윤리적 규칙을 충실히 따랐음에도 왠지 책임이 있다는 생각이 드는' 상황은 없을까요?

또한 가설 4에도 아직 무엇인가 문제점이 있다면 그것은 어떤 것일까요?

만약 문제점이 있다면 여러분은 어떤 형태의 '가설 5'를 세우시겠습니까?

부디 여러분 스스로 생각해 보시기 바랍니다.

책임
으으...
뭐, 별일 아니겠지
책임

Chapter 6

그것은 정말로 스스로 결정한 것일까?

– 책임과 자유의지의 관계

키워드

- 결정론
- 양립가능론
- 회의론
- 결과주의

어떤 행동에 대해서 그 행동을 한 사람에게 책임을 물으려면 그 사람이 자신의 의지로 그 행동을 선택했느냐 아니냐가 중요해 보입니다.
그런데 만약 세상의 모든 사건이 자연법칙에 따라서 결정되는 것이라면 어떻게 될까요? 그렇다면 애초에 '자유로운 의지' 같은 것은 존재하지 않으며, 따라서 누구에게도 책임을 물을 수 없지 않을까요? 이 문제에 대해 수많은 철학자가 다양한 견해를 밝혀 왔습니다.

챕터 6에서는 결정론과 자유의지의 관계에 관한 생각들을 소개하고, 마지막에는 '미래 지향의 책임'이나 '감정에 입각한 책임' 등 윤리학의 새로운 생각들에 관해서도 살펴보겠습니다.

뇌과학자 블랙

미국 프린스턴 대학교의 명예교수인 해리 프랭크퍼트는 다음과 같은 유명한 사고 실험을 제안했습니다※9.

해리 고든 프랭크퍼트
(1929~2023)

미국의 철학자. 특히 도덕과 자유에 관한 고찰로 유명하다. 자신의 행동에 책임감을 느끼지 않는 '무책임한 사람'이라는 생각을 제창했다.

블랙은 굉장히 못된 뇌 외과의입니다. 그는 환자인 존스의 뇌를 수술하면서 존스의 행동을 감시하고 필요하다면 조작도 할 수 있도록 뇌 속에 소형 컴퓨터를 심었습니다. 존스 본인은 그 사실을 알지 못합니다.

어느 날, 블랙은 존스를 이용해 동료인 스미스를 죽일 계획을 세웠습니다. 존스가 자신의 의지를 거슬러 스미스를 죽이도록 뇌 속의 컴퓨터를 조작한 것이지요.

하지만 블랙의 조작은 효과가 없었습니다. 왜냐하면 존스는 전부터 스미스에게 원한을 품고 있어서 독자적으로 살인을 계획하고 있었기 때문입니다. 그리고 존스는 자신의 계획을 실행해 스미스를 살해했습니다.

스미스가 살해당했다면 누구의 책임일까?

이제 질문입니다. 존스는 스미스의 죽음에 대해 윤리적인 책임이 있을까요?

책임과 자유의지

지금 '…뭐? 대체 무슨 소리를 하는 거야? 사람을 죽였으니 당연히 책임을 져야지!'라고 생각했을지도 모르겠습니다.

분명히 맞는 말입니다. 하지만 여기에서 중요한 일은 '왜 프랭크퍼트가 굳이 이런 사고 실험을 고안했을까?'를 생각하는 것입니다. 이 챕터에서는 그 이유를 생각하면서 챕터 5에 이어 '윤리적 책임'에 관해 좀 더 깊이 논의해 보려고 합니다.

먼저 챕터 5의 앞부분에서 배운 아리스토텔레스의 '단순한 도식'을 떠올려 보시기 바랍니다.

철수가 영호의 얼굴에 라이트훅을 날려 부상을 입힌 상황에서는 철수가 그 결과(영호의 부상)를 알면서도 의도적으로 행동(라이트훅)했기에 책임이 있다고 여겼습니다. 다시 말해 책임에는 '의도'와 '인식'이 모두 필요한 것입니다. 챕터 5에서는 '인식'에 관해 생각했으니, 이번에는 **'의도'**에 관해 깊이 생각해 보겠습니다.

과학은 자유의지를 불가능하게 만든다

상황 2 '밀쳐진 기세로 박치기'의 경우, 철수는 박치기를 할 의도가 없었지만 뒤에서 아이가 부딪치는 바람에 앞으로 꼬꾸라져서 의도치 않게 영호에게 박치기를 하고 말았습니다.

이처럼 자유로운 의지로 박치기를 한 것이 아닐 경우, 책임이 없다고 생각되는 이유는 무엇일까요? 그것은 **책임이란 '자신의 자유로운 의지로 한 행동'에 대해 묻는 것이기 때문입니다. 요컨대 책임에는 '자유의지'가 필요하다고 생각할 수 있습니다.**

그런데 여기에서 곤란한 문제가 발생합니다.

순서대로 생각해 보겠습니다.

이 세상은 결국 과학적인 자연법칙에 따라서 움직이며, 모든 사건은 빅뱅으로 우주가 탄생한 순간부터 시작된 물리적인 원인과 결과의 연쇄에 불과하다. — **세상의 모든 것은 빅뱅의 순간부터 과학적인 자연법칙에 따라 이미 결정되어 있다. 이런 생각을 '결정론'(determinism)이라고 합니다.**

하지만 빅뱅 이후의 모든 것이 과학적인 자연법칙에 따라 이미 결정되어 있다면 제가 지금 무엇을 할지도 100억 년 이상 전에 이미 결정되어 있었고, 저의 자유 같은 것은 애초에 없었다는 뜻이 됩니다.

그렇다면 우리에게 '자유로운 의지'는 없으며, **이 세상에 자유의지가 없다면 누구에게도 윤리적 책임을 물을 수 없게 됩니다.** 아리스토텔레스의 도식(책임 → 의도 + 인식)에 따르면 책임에는 자유의지가 필요하기 때문이지요.

세상에 자유의지가 없다면 떠밀려서 박치기를 하게 된 장면에서 철수가 자유로운 의지로 박치기를 한 것이 아니었듯이 라이트훅을 날린 장면에서도 자유로운 의지로 주먹을 내지른 것이 아니게 됩니다. 이 생각을 극단적으로 발전시키면 아무리 흉악한 범죄라도 '자신의 의지가 아니었기' 때문에 책임을 물을 수 없다는 결론에 이르고 말지요.

■ 자신의 생각도 필요 없다?

이는 커다란 문제입니다. 이에 대한 세 가지 견해가 있습니다.

첫째는 **'결정론과 자유의지는 양립 가능하다'**라는 견해입니다. 이것을 **양립가능론(compatibilism)**이라고 부릅니다.

둘째는 **'자유의지 같은 것은 존재하지 않으며, 누구도 책임질 필요가 없다'**라는 견해입니다. 이것을 **회의론(skepticism)**이라고 부릅니다.

이 두 가지에 관해서는 챕터 7에서 좀 더 깊이 생각해 보겠습니다.

챕터 6에서 주목할 것은 세 번째 견해입니다. **'윤리적 책임을 묻는 데 자유의지는 필요 없다'**는 것이지요. 요컨대 '책임이 있느냐 없느냐는 자유의지의 유무와 관계가 없다'는 생각입니다.

이 세 번째 견해를 생각할 때 앞에서 소개한 프랭크퍼트의 사고 실험이 중요해집니다.

다른 가능성이 없더라도 윤리적 책임이 있을 수 있다

블랙 박사는 존스가 '스미스를 죽이고 싶다'고 생각하도록 뇌를 조작할 수 있었습니다. 하지만 결과적으로 그런 조작을 할 필요가 없었습니다. 존스는 전부터 스미스를 죽이고 싶어 했고, 그래서 직접 계획을 세워 놓았기 때문이지요.

이 경우는 존스에게 자유의지가 있었다고 말할 수 있을까요?

아닙니다. 만약 존스가 도중에 '스미스를 죽이는 건 그만두자'라고 생각하더라도 블랙 박사의 조작 때문에 결국은 '스미스를 죽이고 싶다'고 생각할 것이기 때문입니다. 요컨대 존스는 스미스를 죽일 운명이었던 것이지요.

다시 말해 존스는 자유로운 선택을 할 수 없었습니다. 맞습니다. 자유의지가 없었던 셈이 됩니다.

여기에서 주목해야 할 점은 존스에게는 자유의지가 없었지만 그럼에도 윤리적 책임이 있지 않느냐는 생각이 든다는 사실입니다. 이는 그가 본래 스미스를 죽이고 싶어 했고 실제로 스미스를 죽였기 때문입니다.

즉 **자유의지가 없더라도 책임을 물을 수 있습니다. 책임을 묻는 데 자유의지는 필요가 없다**는 이야기입니다.

미래 지향의 책임론

자유의지가 없어도 책임을 물을 수 있다면 윤리적 책임은 어떻게 생각해야 할까요?

첫 번째는 **과거의 의도나 자유의지가 아니라 미래에 주목한다**는 것입니다.

예를 들어 어떤 사람이 한 행동에 책임을 묻는 것은 그 사람이 앞으로 같은 행동을 하지 않도록 교정하거나 교육하기 위해서라고 생각할 수 있습니다. 다시 말해 **'책임'이란 미래에 올바르게 행동하도록 만들기 위한 궁리라고 생각할 수 있지요.**

철수가 영호를 다치게 했다면 앞으로 같은 행동을 반복하지 않게, 분노를 조절하는 훈련을 하도록 책임을 묻습니다. 책임을 묻는 것은 단순히 '의도가 있었으니 책임이 있다'는 논리가 아니라 재발 방지를 위한 방법인 것이지요.

이처럼 '과거'가 아니라 '미래'에 주목하면서 책임을 생각하는 견해를 **'결과주의'**라고 부릅니다. **결과주의에서 책임은 '미래에 일어날 결과'를 더 나은 것으로 만들기 위한 수단**이지요.

타인의 행동에 대한 자연스러운 반응

또 다른 견해로 **책임이란 '사실에 입각한 판단'이 아니라 우리가 자연스럽게 느끼는 반응에 입각한 것**이라는 이론도 있습니다.

가령 철수가 영호의 얼굴에 라이트훅을 날렸다는 이야기를 들으면 '그런 심한 짓을 하다니!', '너무한 거 아니야?'라는 분노나 혐오의 감정이 솟아납니다. 또한 자신이 누군가에게 심한 짓을 했으면 '내가 잘못했어', '미안한 짓을 했네'라고 반성하거나 죄책감을 느끼지요.

이처럼 **윤리적 책임은 '객관적으로 판단하는 것'이 아니라 '인간으로서 자연스럽게 느끼는 감정'에 입각한 것**이라는 견해가 있습니다.

이 견해는 18세기 영국의 철학자인 흄(→ 54쪽)에게서 시작되었고, 20세기에는 역시 영국의 철학자인 **피터 프레더릭 스트로슨**이 발전시켰습니다.

피터 프레더릭 스트로슨
(1919~2006)

영국의 철학자. 언어철학과 심리철학, 자기정의에 관한 연구로 유명하다. 일상적인 말의 사용을 바탕으로 한 분석을 통해 철학적 문제에 접근했다. 현대의 윤리학에도 큰 영향을 끼쳤다.

스트로슨은 설령 결정론이 옳더라도 우리의 윤리적 감정은 사라지지 않는다고 생각하고, 결정론이 책임 묻기를 불가능하게 만든다는 생각은 쓸데없이 어렵게 생각하는 철학자들의 헛소리일 뿐이라고 일축했습니다.

윤리적 책임은 인간 사회에서 중요한 개념입니다. 그렇기에 **'자유의지가 있는가, 없는가?'가 아니라 우리의 자연스러운 감정을 출발점으로 삼아서 다시 생각해야 한다**고 주장한 것이지요.

■ 정리

이 챕터에서는 '책임'과 '자유의지'의 관계에 관해 다양한 관점에서 깊이 생각해 봤습니다.

처음에 살펴봤듯이, 아리스토텔레스의 도식은 '책임 → 의도 + 인식'으로, 의도에는 자유의지가 필요했습니다. 하지만 '결정론'이 옳다면 자유의지는 없으며, 그러므로 책임을 질 필요도 없어지지요.

이 문제에 대해서는 '양립가능론'이나 '회의론' 등의 견해가 있는데, 이 챕터에서는 '결과주의'와 '감정에 입각한 책임'이라는 생각을 소개했습니다.

책임에 관한 철학적인 논의는 앞으로도 계속 윤리학의 중심 주제일 것입니다. 여러분도 깊이 생각해 보셨으면 합니다.

좀 더 깊이 생각해 보고 싶은 사람을 위한 숙제

여러분은 '양립가능론', '회의론', '그 밖의 견해' 중 어느 쪽을 선택하시겠습니까?

각각의 견해에 대해 반론을 생각해 보고, '왜 자신이 선택한 견해가 가장 수긍이 가는가?'를 여러분 자신의 표현으로 이야기해 봅시다.

Chapter

태어났을 때부터 미래의 직업이 결정되어 있었다고?

– 정말 '스스로 결정한' 것일까?

키워드

- 자유의지
- 결정론
- 리벳의 실험
- 회의론
- 양립가능론
- 양자론

평소에 우리가 '스스로 결정했다'고 생각하는 행동은 정말로 우리 자신의 자유로운 의지로 결정된 것일까요?
만약 그렇지 않다면 우리가 평소에 느끼는 '자유의지'를 어떻게 생각해야 할까요?

챕터 7에서는 자유의지의 정체를 생각해 보려 합니다.
'스스로 선택했다'는 생각은 사실인지, 이에 관한 다양한 견해를 과학과 철학의 관점에서 살펴보도록 하겠습니다.

리벳의 실험

1970년대에 캘리포니아 대학 샌프란시스코 캠퍼스에서 **벤자민 리벳**이라는 연구자가 다음과 같은 실험을 실시했습니다.

[실험의 흐름]

- 참가자에게 "원하는 타이밍에 손을 움직여도 됩니다"라고 알린다.
- 뇌의 활동을 조사하기 위해 머리에 기계를 설치해 뇌파를 측정한다.
  또한 참가자에게는 '언제 손을 움직이자고 생각했는가?'를 대답하게 한다.

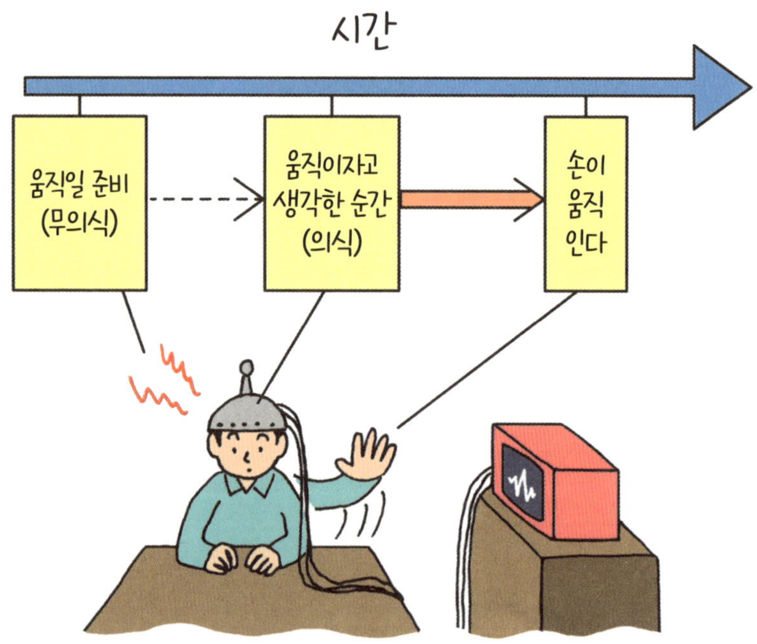

[알게 된 사실]

- 실제로 손을 움직이기 전에 뇌 속에서는 이미 '움직일 준비'를 시작했음을 나타내는 신호가 나왔다.
- 그러나 사람이 '손을 움직이자'고 의식한 것은 그 뇌의 준비가 시작된 뒤였다. 즉 뇌는 우리가 '움직이자'고 생각하기 전에 이미 몸을 움직일 준비를 하고 있었다.

리벳은 왜 이런 실험을 했을까요? 만약 이것이 사실이라면 우리가 자신의 자유의지로 행동을 결정한다고 생각했던 것은, 사실 뇌가 앞서서 결정한 것을 나중에 '스스로 결정했다'고 느낀 것뿐일 수도 있지 않을까요?

벤자민 리벳 (1916~2007)

미국의 심리학자. 뇌의 활동과 '의식'의 관계를 연구했다. 손을 움직이자고 의식하기 전에 뇌 속에서는 운동 준비를 시작한다는 사실을 발견했나. 이 발견을 통해 정말로 자유의지가 존재하느냐는 철학 논쟁이 다시 불붙었다.

다른 선택지가 있는가, 없는가?

우리는 평소에 '나 자신의 의지로 선택했어'라고 생각합니다. 이는 매우 자연스러운 감각이지요. 하지만 철학은 그런 '당연한' 것에 의문을 품음으로써 새로운 시각을 얻으려는 학문입니다. 이 챕터도 그런 '당연한' 것에 대한 의문으로 시작해 보겠습니다.

우리에게는 자유의지가 있기에 자신의 행동을 스스로 결정할 수 있습니다. 가령 아침에 빵과 밥이라는 선택지가 있다면 스스로 어느 한쪽을 선택해서 먹을 수 있지요. 가령 저는 오늘 아침에 밥을 먹었습니다.

'내가 아침에 밥을 먹었다'는 것은 이미 과거의 사실입니다. 바꿀 수가 없지요. 하지만 제가 그것을 '자유의지로 선택했다'면 그때 다른 행동을 할 수도 있었겠지요. 다시 말해 '빵을 먹는다'는 선택을 했을 가능성도 있었을 것입니다.

이처럼 **"자유의지가 있다"고 말하기 위해서는 우리가 자신의 실제 결정과는 다른 선택지를 고를 기회가 있었다고 말할 수 있어야 합니다.**

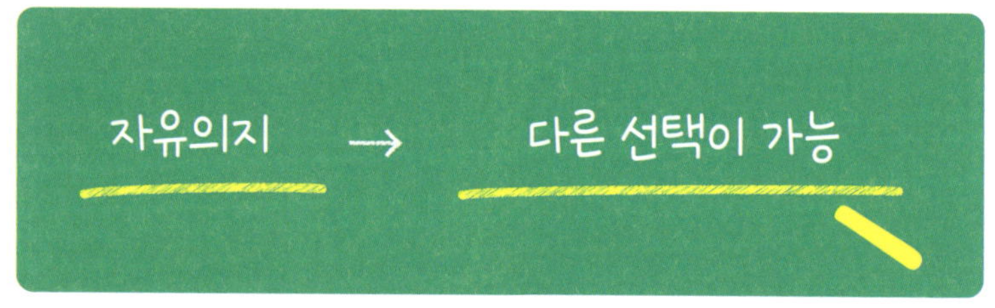

그런데 만약 제 아내가 빵을 먹고 싶다는 제 의지에 반해서 억지로 밥을 제 입에 집어넣었다면 그것은 저의 자유의지라고 말할 수 없습니다. 그

때 제게는 밥을 먹는 것 이외의 선택지가 없어진 셈이기 때문이지요.

과학의 세계에 자유의지는 없다?

'스스로 자유롭게 선택할 수 있다.' 이 지극히 자연스러운 감각이 사실은 우리의 과학적인 세계관과 양립하지 않는다면 여러분은 어떤 생각이 드시나요?

지극히 흔한 과학적인 관점에서 생각해 보겠습니다. 이 세계는 전부 자연법칙에 따라 움직입니다. 빅뱅이 일어나서 우주가 탄생한 이래 모든 사건은 물리적인 원인과 결과의 연쇄를 통해서 결정되었습니다. 즉 **미래도 전부 빅뱅의 순간에 이미 결정되어 있었던 셈입니다.** 이것이 챕터 6에서도 소개했던 **결정론(determinism)**입니다(→ 101쪽).

만약 이 결정론이 옳다면 자유의지는 존재하지 않는다고 생각할 수 있습니다. 자유의지가 있으려면 선택하는 순간까지는 다른 선택을 할 수 있어야 합니다. 제가 아침 식사로 밥을 선택하기까지는 빵을 선택할 수도 있어야 하지요.

하지만 빅뱅 이후 모든 것이 과학적인 자연법칙에 의해 결정되었다고 말하는 결정론에 따르면 제가 오늘 아침 식사로 밥을 선택한 것도, 빵을 선택하지 않았던 것도 전부 100억 년 이상 전에 이미 결정되어 있었던 셈이 됩니다. 그렇게 되면 여러분의 내일 아침 식사도, 1년 후의 계획도, 10년 후의 취업조차도 이미 전부 결정되어 있다는 뜻이 되지요.

이는 참으로 골치 아픈 문제입니다. **결정론이 옳다면 자유의지가 존재하지 않는다는 결론으로 직결**되니까요. 이 논의를 이론 A라고 부르고, 다음과 같은 단순한 도식으로 만들어 봅시다.

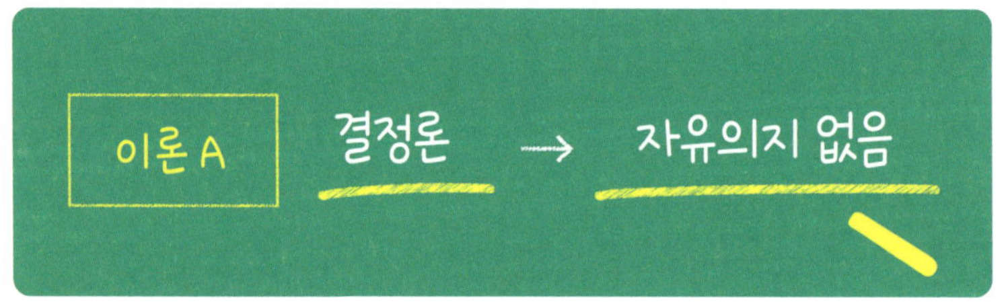

이와 같은 결정론적인 생각의 기원은 멀리 고대 그리스 시대의 철학자 **데모크리토스**까지 거슬러 올라갑니다. 세계가 자연법칙에 따라 움직이고

있다면 여기에 자유의지가 끼어들 여지는 없다. — 이런 직감은 과학이 발전하기 전부터 존재했던 것입니다.

데모크리토스 (기원전 460년경~기원전 370년경)

고대 그리스의 철학자. 세계는 '원자'와 '공허(아무것도 없는 공간)'로 구성되어 있다고 생각했다. 눈에 보이지 않는 작은 입자가 사물의 근원이라는 발상은 원자론의 원형이라고도 말할 수 있다.

하지만 우리는 일상생활에서 자유의지를 느끼며 삽니다. 바로 이 모순이 수많은 과학자를 매료시켜 왔지요.

논리적으로 가능한 세 가지 견해

지금까지의 논의를 바탕으로 우리가 자유의지의 문제에 대해 생각할 수 있는 논리적인 견해는 크게 다음 세 가지입니다.

① 결정론과 이론 A를 그대로 받아들여서 자유의지를 부정한다.

② 결정론과 자유의지를 모두 받아들이면서 이론 A를 부정한다.

③ 결정론 자체를 부정하고 자유의지를 긍정한다.

①은 **'회의론(skepticism)'**이라고 부릅니다. 결정론적인 과학의 세계관을 믿고 이론 A도 긍정한다면 자유의지는 존재하지 않는 셈이 됩니다.

②는 **'양립가능론(compatibilism)'**이라고 부릅니다. 결정론적인 과학의 세계는 옳지만 자유의지도 존재하기 때문에 양쪽에 모순이 없다는 견해입니다.

③은 결정론적인 세계는 낡은 과학의 세계관으로 애초에 틀렸으며, 자유의지를 갖는 것은 가능하다는 견해입니다. 특히 최근 들어 후술할 '원자론'의 관점에서 이런 생각이 전개되고 있습니다.

그러면 각각의 견해를 자세히 살펴보겠습니다.

리벳의 실험과 회의론

먼저 ①의 회의론에 관해 살펴보겠습니다. 이는 자유의지 자체를 의심해 존재하지 않는다고 생각하는 상당히 과격한 견해입니다. 이것이 과격한 견해인 이유는 우리가 일상 속에서 '어떤 동영상을 볼 것인가?', '무엇을 먹을 것인가?', '어디로 외출할 것인가?' 등 여러 가지를 스스로 결정한다고 느끼기 때문이지요.

하지만 회의론을 주장하는 철학자는 적지 않습니다. 그리고 이 견해는 그저 '탁상공론'으로 치부할 수 있는 것이 아닙니다. 왜냐하면 앞에서 소개한 리벳의 실험처럼 자유의지에 의문을 제기하는 과학적인 연구까지 등장했기 때문입니다.

리벳의 실험에서 알 수 있는 사실은 "우리가 '손을 움직이자'고 의식하기 전에 뇌가 이미 그 준비를 시작했다"는 것입니다. 뇌파의 변화, 특히 RP(Readiness Potential: 준비전위)라고 부르는 신호는 우리가 '움직이자'고 생각하기 전에 나오기 시작했으며, 이는 뇌가 이미 행동의 준비에 들어갔음을 의미합니다.

요컨대 **우리는 자신의 의지로 행동했다고 생각하지만 실제로는 자신의 의지를 느끼기보다 먼저 뇌가 움직이기 시작했고, 그것을 나중에 '자신의 의지'로 인식할 뿐일지도 모른다**는 식으로 생각할 수 있지요.

다만 이 실험의 해석에 관해서는 수많은 과학자와 철학자가 의문을 제기하고 있습니다. 어쩌면 RP 자체가 우리의 자유의지의 작용이며, 리벳의 실험은 RP가 나온 뒤에 우리가 그 의지를 확인하고 "느꼈습니다!"라고 보고하는 데 일정한 시간이 걸림을 나타낼 뿐일지도 모릅니다. 즉 RP가 먼저 나왔다고 해서 "자유의지는 존재하지 않는다"고 단언할 수는 없다는 것이지요.

이처럼 리벳의 실험은 다양한 해석이 가능합니다. 실험 결과를 보고 무작정 '자유의지는 존재하지 않는다'라고 결론 내리는 것은 무리가 있습니다[※10].

물론 **리벳의 실험이 자유의지가 없음을 증명하지는 않더라도 이 실험 자체가 자유의지에 대해 일종의 의문을 제기하는 것은 틀림이 없습니다.** 자유의지가 있다고 생각하는 사람들은 리벳의 실험이 자유의지와 모순되지 않음을 증명할 필요가 생긴 것입니다.

자유의지가 없더라도 문제가 없다?

그런데 자유의지는 존재하지 않는다는 회의론에 대해서 자주 제기되는 반론이 있습니다. "자유의지가 없다고 하면 나쁜 짓을 한 사람에게 책임을 물을 수 없게 되기 때문에 반사회적인 행동이 늘어날 것이다"라는 반론이지요.

가령 누군가가 살인을 저질렀을 때 '그 사람은 자유의지로 그렇게 한 것이 아니다. 뇌나 환경의 탓이다'라는 결론이 나오면 그 사람에게 윤리적 책임을 물을 수 없게 됩니다. 그 결과 '무엇을 하든 용납된다는 생각이 확산되어 반사회적인 행동이 늘어날' 우려가 있다는 것입니다.

하지만 잠깐 생각해 봅시다.

사실 이 반론은 반론이 되지 않습니다. 실제로 이 의견은 '회의론이 틀렸다'라는 주장이 아니라 '회의론이 옳다 해도 그것을 인정하면 사회에 문제가 발생한다'고 지적하는 데 불과하지요. 다시 말해 자유의지가 없다는 견해를 부정하지는 않는 것입니다.

게다가 실제로 자유의지가 없는 상황에서 우리의 행동이 어떻게 변할지를 분석해 보면 **'자유의지가 있다고 굳게 믿는 사회'보다 '자유의지를 그다지 믿지 않는 사회'가 오히려 윤리적으로 좋은 행동 또는 생각을 하는 경우가 많다**는 보고도 있을 정도입니다[※11].

그렇다면 회의론의 관점에서는 사회에서 일어나는 범죄에 대한 벌칙을 어떻게 생각해야 할까요? 가령 누군가가 살인을 저질렀을 때, 어떤 근거로 그 사람에게 윤리적 책임을 물을 수 있을까요?

이 문제에 대해 회의론자인 **그레그 카루소**는 **'격리 모델'**이라는 생각을 제안했습니다.

그레그 카루소
(1970년대생)

미국의 현대철학자. '자유의지는 환상이다'라는 관점에서 책임이나 처벌의 형태를 새롭게 고찰하고 있다. 자유의지가 없더라도 타인에게 친절한 사회 제도를 만들 수 있다고 주장한다.

가령 코로나 팬데믹 당시, 코로나에 감염된 사람은 자신의 의지와 상관없이 일정 기간 격리당했습니다. 이는 그 사람이 잘못을 해서가 아니라 감염 확대를 막아 사회 전체를 지키기 위해서였습니다. 이와 마찬가지로, 범죄를 저지른 사람에게는 **'그 사람에게 악의가 있는가, 없는가?'와 상관없이 또다시 위험한 행동을 하지 않게 하기 위해 격리하는 등 적절한 조치를 합니다. 요컨대 '처벌'이 아니라 '사회를 지키기 위한 대책'으로서 격리하는 것**이지요.

그렇다면 자유의지가 없더라도 사회의 안전을 지키기 위한 합리적인 행동으로서 형벌 같은 시스템을 정당화할 수 있습니다. 카루소는 이와 같이 **범죄자의 의도를 생각하지 않아도 현재의 형벌 시스템을 이해할 수 있는 견해를 제시한 것**입니다.

결정론과 양립하는 자유의지

다음에는 ②의 '결정론과 자유의지는 양립 가능하다'라는 '양립가능론'을 살펴보겠습니다. 결정론이 옳다면 어떤 시점의 상황이 다음 순간에 일어날 일을 전부 결정한다고 볼 수 있습니다. 다시 말해, 제가 실제로 한 행동 이외의 선택은 애초에 불가능했다는 뜻이지요.

가령 저는 아침 식사로 밥을 선택했는데, 결정론의 세계에서는 제가 '빵을 선택했을' 가능성이 애초에 없었던 것이 됩니다.

하지만 현실과는 조금 다른 '평행 세계'에서 제가 빵을 먹고 싶어 빵을 선택했다고 하더라도 이상할 것은 전혀 없습니다. 실제로 결정론은 과거가 달랐다면 미래도 달라짐을 부정하는 것이 아닙니다. 그리고 다른 평행 세계에서 제가 빵을 선택했을 가능성이 있다면 밥이 아니라 빵을 선택할 가능성이 있었던 셈이 됩니다.

이처럼 **현실과는 조금 다른 것을 가정하고 그 가능성을 표현하거나 생각하는 것을 '가정법'이라고 합니다.** 고전적인 양립가능론에서는 이 가정법에 따라서 자유의지와 결정론이 양립 가능하다고 생각하지요.

그런데 왠지 논리 퍼즐에 속은 것 같은 기분이 든 사람도 있을 것입니다. 그 직감이 꼭 틀린 것은 아닙니다. 가정법을 받아들이더라도 이 방식으로는 자유의지를 제대로 정의하기가 어렵기 때문입니다.

가령 다음과 같은 사고 실험을 해 보겠습니다.

제가 어릴 적에 개에게 물렸던 기억 때문에 어른이 되어서도 개를 만지지 못한다고 가정해 보겠습니다. 그런데 어느 날, 제 아내가 저에게 깜짝 선물을 주겠다면서 강아지와 새끼 고양이를 보여주고 둘 중 하나를 선택하라고 말했습니다. 그때 저는 무의식중에 새끼 고양이를 끌어안았습니다. 어린 시절의 기억 때문에 개를 끌어안지 못한 것이지요.

그렇다면 이 경우, 저는 '자유의지로 새끼 고양이를 골랐다'고 말할 수 있을까요? 실제로는 개에게 물렸던 기억 탓에 강아지를 고른다는 선택지는 애초에 없었는데 말이지요.

고전적 양립가능론의 관점에서는 만약 제가 어릴 적에 개에게 물리지 않았다면 강아지를 선택했을지도 모르며, 따라서 저는 '자유의지로 새끼 고양이를 골랐다'는 결론에 도달합니다. 하지만 제가 새끼 고양이를 선택한 것은 어릴 적의 기억 때문이지 정말로 자유롭게 선택한 것이 아니지요.

이처럼 가정법을 사용한 고전적 양립가능론은 현대의 철학 논의에서 자유의지의 본질을 올바르게 설명하지 못한다는 비판을 받게 되었습니다. 하지만 최근에는 그런 비판을 받아들여 새로운 유형의 양립가능론이 탄생하고 있습니다. 우리의 현실적인 행동 방식 또는 판단 방식에 좀 더 다가서는 형태로 자유의지를 생각하자는 움직임이 생겨났지요.

양자론과 자유의지의 가능성

결정론에 따르면 다음 순간에 일어나는 일은 현재 상황에서 자연법칙을 통해 도출되는 결과일 뿐입니다. 가령 움직이는 물체의 위치와 속도를 알면 그 물체가 1초 후에 어디로 갈지 예측할 수 있다는 것이지요.

이런 세계관은 **'고전 역학'**으로 불리는 뉴턴 물리학의 세계관에 기반을 두고 있다고 말할 수 있습니다. 다만 뉴턴 물리학은 우리 주변에 있는 물체의 움직임은 잘 설명할 수 있지만, 전자 등 굉장히 작은 물체의 움직임은 설명하지 못합니다. 이것을 설명하려면 **'양자역학'**이 필요하지요.

양자역학의 세계에서는 물체의 위치를 확률로 표시합니다. 물체 X가 다음 순간 A에 있을 확률은 20퍼센트, B에 있을 확률은 30퍼센트와 같이 그 물체의 장소를 확정하지 못하고 어디에 있을 확률이 어느 정도라는 '확률 분포'만을 결정할 수 있는 것입니다. 그래서 X가 다음 순간 A에 있을지 B에 있을지, 아니면 다른 장소에 있을지는 확정할 수 없습니다.

이처럼 만약 우리의 세계가 양자역학으로 이루어져 있다면 빅뱅의 시점에 이미 모든 것이 결정되어 있었다는 결정론의 생각은 틀린 셈이 됩니다. 현시점에서 다음 순간에 무슨 일이 일어날지에 관해 결정된 것은 일어날 수 있는 사건의 확률 분포뿐이기 때문이지요. 그리고 결정된 것이 없다면 **'다른 선택지를 선택할 수 있었다'는 의미에서 자유의지가 존재할 여지가 생겨날지도 모릅니다.**

최근에는 실제로 양자론을 이용해 우리의 자유의지를 설명하려 하는 과학자나 철학자도 등장했습니다. 이를 통해 챕터 2에서 다뤘던 퀄리아 문제나 의식의 어려운 문제를 해결할 실마리를 모색하고 있지요.

이제 막 시작된 연구 분야이지만, 굉장히 흥분되는 과학과 철학의 합작 프로젝트입니다.

■ 정리

이 챕터에서는 우리가 평소에 당연하게 여기는 '자유의지'라는 것을 과학과 철학의 관점에서 깊이 살펴봤습니다.

- 자유의지가 있다고 생각하지만 리벳의 실험 등을 근거로 '사실은 없는 것이 아닐까?'라고 의심하는 회의론
- 결정론과 자유의지는 모순되지 않는다는 양립가능론
- 애초에 결정론 자체를 부정하고 양자론 등으로 자유의지를 설명한다.

자신의 행동이나 선택을 어떻게 파악하느냐는 윤리나 책임, 사회의 구조와도 관련된 매우 중요한 주제입니다. 자유의지에 대한 논의가 앞으로 어떻게 전개될지 몹시 흥미롭습니다.

좀 더 깊이 생각해 보고 싶은 사람을 위한 숙제

여러분은 이 챕터에서 살펴본 자유의지에 관한 세 가지 견해 가운데 어떤 견해가 옳다고 생각하시나요? 그리고 그 이유는 무엇인가요?

어떤 견해를 지지할지 결정했다면 다른 견해를 지지하는 사람이 어떤 반론을 할지도 생각해 봅시다. 그리고 그 반론에 어떻게 대답할지까지 생각해 보시기 바랍니다.

Chapter

왜 규칙을 지켜야 할까?
– 소크라테스가 가르쳐 준 사회와의 약속

키워드

- 정치적 의무
- 동의에 따른 의무
- 공리주의
- 페어플레이의 의무
- 공동체의 의무

고대 그리스의 철학자인 소크라테스는 반대 세력의 고발로 사형을 선고 받았습니다. 고발 자체가 의심스러운 것이었을 뿐만 아니라 쉽게 탈옥할 수 있었지만, 그럼에도 소크라테스는 사형을 받아들였습니다. 그렇다면 왜 소크라테스는 탈옥하지 않았을까요?

챕터 8에서는 '우리는 왜 법률을 따라야 하는가?'라는 의문에 관해서 생각해 보려 합니다.

소크라테스의 행동을 실마리로 네 가지 시점에서 곰곰이 생각해 보도록 하겠습니다.

소크라테스가 탈옥하지 않은 이유

소크라테스는 서양 철학의 시조로 불리는 고대 그리스의 철학자입니다. 하지만 그에게 반감을 품고 있었던 정치 세력으로부터 '젊은이들을 타락시켰다', '신을 믿지 않았다' 같은 이유로 고발당해 사형 판결을 받고 말았지요.

소크라테스
(기원전 470년경~기원전 399)

고대 그리스의 철학자. 서양 철학의 아버지로 불린다. 대화를 통해 '무지의 지(자신이 알지 못함을 아는 것)'를 알림으로써 사람들에게 자기 자신을 되돌아보게 하려 했다. 아테네의 재판에서 불경죄가 유죄 판결을 받아 독이 든 술을 마시고 세상을 떠났다.

소크라테스의 친구인 크리톤은 그를 구하기 위해 자신의 재산을 써서 탈출 계획을 세웁니다. 안전하고 확실한 탈옥 방법도 준비해 놓았지요. 하지만 소크라테스는 그 제안에 응하지 않았습니다. 탈옥하지 않고 사형을 받아들이는 길을 선택한 것입니다.

왜 소크라테스는 탈옥하지 않고 사형을 받아들인다는 선택을 했을까요? 소크라테스의 제자인 **플라톤**은 《소크라테스의 변명(소크라테스의 변론)》의 속편《크리톤》에 탈출을 설득하는 크리톤과 소크라테스의 대화를 적었습니다. 그 대화에서 소크라테스가 사형을 받아들인 이유를 몇 가지 꼽아 보겠습니다※12.

플라톤
(기원전 427~기원전 347)

고대 그리스의 철학자. 소크라테스의 제자다. 현실 세계와는 다른 이상적인 '이데아의 세계'가 있다고 생각했다. 정의나 정치, 교육의 이상적인 모습을 고찰했으며, 철학 아카데미를 설립했다.

1. 나(소크라테스)는 오랫동안 아테네에서 살았다. 그러므로 아테네의 법률과 제도에 동의하며 생활해 온 셈이다.

2. 네가 사형 판결을 받아들이지 않는다면 법원이 권위를 잃게 되며, 그 결과 사람들이 법원의 판결을 따르지 않게 될 것이다.

3. 아테네가 풍요롭고 안전한 이유는 시민 모두가 법률을 따르며 살기 때문이다. 그런데 나만 법률을 따르지 않는 것은 사회를 배신하는 행위가 된다.

4. 가족 속에서 아이가 부모의 말을 따르듯이, 아테네에서 태어나 생활해 온 나는 사회의 일원으로서 아테네의 법률을 따라야 한다.

왜 법을 지켜야 한다고 생각하시나요?

1 그곳에 살고 있다=법이나 제도에 동의했다

2 판결을 받아들이지 않으면 법원이 권위를 잃는다

3 혼자만 법을 따르지 않는 것은 사회를 배신하는 행위다

4 그곳에서 태어나고 자란 이상 사회의 일원으로서 법을 따라야 한다

물론 우리가 소크라테스와 같은 상황에 놓이는 일은 없을 것입니다. 다만 우리도 일상생활을 하는 동안 스스로 법률이나 사회의 규칙을 따르며 행동하고 있습니다. 예를 들어 빨간 신호등일 때는 멈추고, 물건을 살 때는 돈을 내지요. 어쩌다 규칙을 위반했을 때는 벌칙을 받아들입니다. 이것을 당연하게 생각하지요.

하지만 이 '당연한 것'에 의문을 품어 보는 것이 철학입니다. 대체 왜 우리는 법률이나 사회의 규칙을 따라야 할까요?

정치적 의무란?

우리가 법률을 따를 의무를 철학의 세계에서는 '정치적 의무' 혹은 '정치적 책무'라고 부릅니다. 이 '정치적 의무'는 정치철학이나 법철학의 분야에서 중심적인 주제로 논의되어 왔지요. 앞에서 소개한 소크라테스와 크리톤의 대화는 이 '정치적 의무'를 둘러싼 최초의 철학적 토론으로 여겨집니다.

소크라테스가 사형을 받아들인 네 가지 이유는 각각 '정치적 의무'에 관한 대표적인 생각으로 이어집니다.

'정치적 의무'와 비슷한 말에 주의하자

이야기를 진행하기에 앞서, '정치적 의무' 혹은 '정치적 책무'라는 말을 다른 비슷한 말과 구별하고 넘어가도록 하겠습니다. 먼저 **'정치적 책임'**이라는 말이 있습니다. 이는 완전히 별개의 의미입니다.

'정치적 책임'이라는 것은 정치가가 자신이 한 일의 결과에 대해서 져야 하는 책임을 뜻합니다. 뉴스 등에서 "장관이 정치적 책임을 지고 사임했습니다"와 같은 식으로 사용하는 경우가 있지요. **우리 한 사람 한 사람이 법률을 따를 의무가 있다는 뜻의 '정치적 의무'와는 의미가 전혀 다릅니다.**

또 다른 비슷한 말로 **'법적 책임(Legal obligation)'**이라는 것이 있습니다. 이쪽은 특정한 법률을 따르지 않았을 때 발생하는 책임을 뜻합니다. 가령 자동차를 운전하다 속도위반을 하면 벌금을 내야 합니다. 이는 '속도

위반이라는 법률을 지키지 않아서 법적 책임이 발생한' 것이지요.

'정치적 의무'가 '근본적으로 우리가 법률을 따라야 하는 의무'인 데 비해, '법적 책임'은 각각의 법률을 기반으로 발생하는 구체적인 의무나 벌칙을 가리킵니다.

- '정치적 의무' … 우리가 법률을 따라야 하는 의무
- '정치적 책임' … 정치가가 정치의 결과에 대해서 지는 책임
- '법적 책임' … 각각의 법률을 따랐을 때 발생하는 의무나 벌칙

동의했다면 따라야 한다

그러면 '왜 법률을 따라야 하는가?'라는 의문에 대해 철학자들이 어떻게 대답해 왔는지 살펴봅시다.

먼저 소크라테스가 사형을 받아들인 이유 중 첫 번째에 초점을 맞춰 보겠습니다. 소크라테스는 '나(소크라테스)는 오랫동안 아테네에서 살았다. 따라서 아테네의 법률과 제도에 동의하며 생활해 온 셈이다'라고 생각했습니다. 그 사회의 법률을 따라야 하는 의무는 자신이 그 법률에 동

의함으로써 발생한다, 다시 말해 **정치적 의무는 동의에 따라서 발생한다(동의에 따른 의무)**는 생각이지요.

이 생각을 좀 더 명확한 이론으로 정리해서 설명한 사람이 근대의 철학자인 **토마스 홉스**입니다.

토마스 홉스
(1588~1679)

17세기 영국의 철학자. 특히 정치철학의 세계에서 유명하다. 저서 《리바이어던》에서 인간은 자연 상태에서는 자기중심적이며 다툼을 일으키기 때문에 강한 권력이 필요하다고 말했다. 근대 정치철학과 사회 계약론에 큰 영향을 끼쳤다.

홉스는 법률이나 정부가 없는 '자연 상태'의 인간은 저마다 자신이 원하는 것을 손에 넣으려고 다투기 때문에 **'반인의 만인에 대한 투쟁'**이라는 상태에 빠진다고 생각했습니다. 하지만 그렇게 되면 우리의 생활은 매우 위험하고 불편해지지요. 그래서 **인간은 각자의 이익을 지킬 수 있도록 정부를 만들고 규칙을 정하는 데 동의한다**는 것이 홉스의 생각이었습니다. 요컨대 우리가 법률을 따라야 하는 이유는 법률에 동의했기 때문이라는 것이지요.

홉스는 법률이 없는 자연 상태에서는 사람들이 다투기 때문에 서로가 동의해서 정부에 권리를 맡기는 '사회 계약'이 필요하다고 주장했다

그런데 잠깐 생각해 봅시다. 우리가 언제 법률에 동의했을까요? "네, 저는 이 나라의 도로교통법에 동의합니다! 내일부터 빨간 신호등일 때는 멈추겠습니다!"라고 맹세한 적이 있는 사람은 아마도 없을 것입니다. 요컨대 '동의했으니 법률을 따라야 한다'라는 생각은 이해가 되지만, 사실 우리는 그 '동의'를 한 적이 없는 것이지요. 하지만 그럼에도 법률을 따를 의무가 있다는 생각이 듭니다.

이 점에 관해, 챕터 3에도 등장했던 철학자 **존 로크는 우리가 그 나라에 살고 있거나 그 나라의 서비스 또는 제도를 이용하고 있는 것 자체가 그 나라의 법률에 암묵적으로 동의한 셈이 된다고 생각했습니다.** "아테네에서 계속 살았다는 것이 아테네의 법률과 제도에 동의했다는 증거"라고 말했던 소크라테스와 같은 생각이지요.

나라나 지역이 사회의 규칙이나 제도를 꼼꼼하게 만들어 준다. 우리는 그 규칙이나 제도를 최대한 이용해서 쾌적하고 안전하게 생활할 수 있다. 그리고 자신의 의지로 그런 사회 속에서 계속 생활하고 있다. 이는 그 사회의 규칙에 암묵적으로 동의했다는 뜻이다.

홉스와 로크 등의 '동의에 기반을 둔 정치적 의무'라는 생각은 지금까지 수많은 철학자에게 영향을 끼쳤습니다.

모두가 최대한 행복해질 수 있도록

다음으로, 소크라테스가 사형을 받아들인 두 번째 이유를 살펴보겠습니다.

소크라테스는 '내가 판결을 받아들이지 않는다면 나쁜 선례를 만들게 된다'고 생각했습니다. 가령 소크라테스가 법원의 판결을 따르지 않는다면 다른 사람들도 '판결을 지키지 않아도 되는구나'라고 생각하게 될지도 모르며, 그 결과 법원이 권위를 잃어서 사람들이 사회의 규칙을 지키지 않을 위험성이 있습니다. 그렇게 되면 사회가 성립되지 않게 되어 모두가 곤란에 빠질 것입니다.

이는 반대로 말하면 모두가 법률을 따를 때 비로소 사회가 정상적으로 작동해 편리하고 안심하며 살 수 있는 세상이 만들어진다, 즉 **우리 한 사람 한 사람이 법률을 따를 때 사회 전체의 '최대한의 행복'을 실현할 수 있다**는 생각입니다.

이처럼 최대한 많은 사람이 최대한 행복해질 수 있도록 행동해야 한다는 생각을 **'공리주의'**라고 부릅니다. **'최대 다수의 최대 행복'**이라는 구호 아래 영국의 철학자인 **제러미 벤담**과 **존 스튜어트 밀** 등이 발전시킨 생각입니다. 공리주의는 윤리와 정치의 분야에서도 다양한 주제로 사용되고 있지만, '정치적 의무'에도 이 생각을 적용할 수 있습니다.

제러미 벤담 (1748~1832)

공리주의를 창시한 것으로 유명한 영국의 철학자. '최대 다수의 최대 행복'을 외치며, 행동의 결과가 사람들에게 주는 행복도를 기준으로 도덕과 법률을 생각했다.

존 스튜어트 밀 (1806~1873)

벤담의 생각을 이어받은 19세기 영국의 철학자. 공리주의의 원칙을 바탕으로 사회의 도덕과 법률을 평가했다. 저서인 《자유론》에서 개인의 자유와 권리의 중요성을 이야기하고, 사회가 개인의 자유를 제한해서는 안 된다고 주장했다.

가령 어떤 나라에서 '모두가 백신을 맞아야 한다'라는 법률이 만들어져서 그 법률을 따라야 한다는 정치적 의무가 있다고 가정하겠습니다. 백신 주사를 맞으면 조금 아프기도 하고, 부작용이 나타날 수도 있습니다. 하지만 많은 사람이 백신을 맞으면 감염증이 널리 퍼지지 않아서 모든 사람이 건강하게 생활할 수 있게 됩니다. 이렇게 생각하면 자신이 조금 괴롭더라도 백신을 맞는 것이 사회 전체의 행복을 위한 길이라고 말할 수 있을 것입니다.

이처럼 **우리가 법률을 따라야 하는 이유는 법률을 지키면 사회 전체가 원활하게 돌아가고 모두의 행복이 최대가 되기 때문**이라는 것이 공리주의의 생각입니다.

페어플레이의 의무

정치적 의무를 이해하기 위한 세 번째 생각은 '페어플레이'의 원리를 바탕으로 한 것입니다.

소크라테스는 "아테네의 행복한 생활은 아테네인 모두가 법을 따르기 때문인데, 나만 법원의 판결을 받아들이지 않으면 사회를 배신하는 행위가 된다"고 말했습니다.

살기 좋은 사회를 만들기 위해 모두가 힘을 합쳐서 규칙을 지키고 있다. 때로는 손해를 보더라도 꾹 참고 법률을 지킨다. 그런데 나만 규칙을 깨고 이익을 보려고 하는 것은 **'무임승차(프리 라이드)'**이며, 이는 공정(페어)하지 않다. 그러므로 나도 모두와 마찬가지로 규칙을 지켜 사회에 공헌해야 한다.

20세기 미국의 철학자인 **존 롤스** 등은 이런 생각을 **'페어플레이의 의무'**라고 불렀습니다[※13].

존 롤스 (1921~2002)

20세기 미국의 철학자. 사회의 구조를 공정함(페어)의 관점에서 바라보고, 개인이 자신의 이익을 모르는 상태에서 사회의 규칙을 결정할 때 더욱 공정한 사회를 만들 수 있다고 생각했다.

이 페어플레이의 의무는 앞에서 소개한 '동의에 따른 정치적 의무'나 '공리주의'를 바탕으로 한 생각과는 조금 다른 특징이 있습니다.

예를 들어, 페어플레이의 의무에서는 '동의했는가, 하지 않았는가?'를 중요하게 생각하지 않습니다. 오히려 '사회 속에서 이익을 얻고 있는가, 아닌가?'를 중요하게 여기지요. 다시 말해 **'그 사회에서 생활함으로써 이익을 얻고 있다면 자신도 규칙을 지켜서 협력해야 한다'**고 생각하는 것입니다. 또한 공리주의에서 중요하게 여기는 '사회 전체의 행복이 최대화되고 있는가?'도 중요하게 생각하지 않습니다. 설령 사회가 완벽하지 않더라도 자신이 그곳에서 이익을 얻고 있다면 그 사회의 일원으로서 법률을 따라야 한다고 생각하지요.

이처럼 **페어플레이의 의무는 동의나 행복보다 '공정함'을 중요시하는 생각**입니다.

공동체의 의무

이제 마지막으로 소개하는 네 번째 생각은 **'공동체의 의무'**입니다.

소크라테스는 '사회 속에서 생활하는 나는 그 사회의 일원이며, 가족 같은 관계 속에서 살고 있다'고 생각했습니다. 우리는 가족 속에서 각자의 역할을 갖고 살아갑니다. 자녀에게는 자녀의 역할이 있고, 부모에게는 부모의 역할이 있지요. 다시 말해 우리는 가족이라는 작은 '공동체' 속에서 자기 역할에 맞는 '책임'을 지게 됩니다.

이와 마찬가지로, 사회의 일원으로 살고 있다면 사회 속에서 다해야 할 역할이 있습니다. 그 역할 중 하나가 '사회의 법률을 지키는 것'이라고

동의했든 하지 않았든 상관없이 사회의 일원으로서 역할이 발생한다는 생각도 있다('공동체의 의무')

생각할 수 있는 것이지요.

또한 우리는 자신이 생활할 마을을 선택하듯이 자신의 가족을 선택할 수는 없습니다. 그러므로 그 가족의 일원이 되는 것에 동의했느냐 동의하지 않았느냐는 문제가 되지 않으며, 그곳에서 태어났다는 사실만으로 그 가족의 일원으로서 다해야 할 역할이 발생합니다.

요컨대 **'공동체의 의무'는 사회의 일원으로 살고 있다는 것 자체에서 발생하기 때문에 동의가 필요 없으며, 따라서 '동의에 따른 의무'와는 다른 이론**입니다.

물론 사회 전체의 행복의 최대화도 문제가 되지 않습니다. 다른 사람들이 자신의 역할을 다하고 있든 그렇지 않든 사회의 법을 지키는 것이 자신의 역할에 포함되어 있다는 점에서 '공리주의'나 '페어플레이의 의무'와도 다르다고 말할 수 있습니다.

정리

이 챕터에서는 '정치적 의무'에 관해 공부했습니다. 우리는 왜 법률을 따라야 할까요? 이 의문에 대한 대표적인 생각 네 가지를 살펴봤습니다.

1. 동의에 따른 의무(자신이 동의했기 때문에)
2. 공리주의(사회 전체의 행복을 최대화하기 위해)
3. 페어플레이의 의무(모두가 함께 지탱하고 있는 사회에 무임승차하지 않기 위해)
4. 공동체의 의무(사회의 일원으로서 역할을 다하기 위해)

이 생각들은 저마다 다른 특징이 있으며, 모두 철학적으로 매우 중요한 주제입니다.

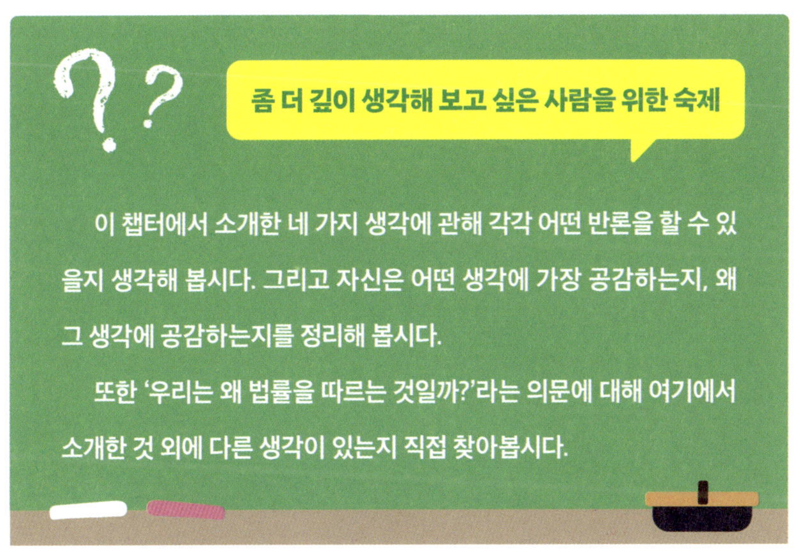

좀 더 깊이 생각해 보고 싶은 사람을 위한 숙제

이 챕터에서 소개한 네 가지 생각에 관해 각각 어떤 반론을 할 수 있을지 생각해 봅시다. 그리고 자신은 어떤 생각에 가장 공감하는지, 왜 그 생각에 공감하는지를 정리해 봅시다.

또한 '우리는 왜 법률을 따르는 것일까?'라는 의문에 대해 여기에서 소개한 것 외에 다른 생각이 있는지 직접 찾아봅시다.

Chapter

내가 하고 싶은 말을 하는 게 뭐가 나빠?

– '표현의 자유'는 어디까지 허용되는가?

키워드

- 표현의 자유
- 의사 이론
- 이익 이론
- 공리주의
- 자연권

‘표현의 자유’는 자신의 생각을 자유롭게 말할 수 있는 권리입니다. 하지만 누군가에게 깊은 상처를 주는 말까지 자유롭게 해도 되는 걸까요?

이 챕터에서는 먼저 ‘권리란 무엇인가?’, ‘왜 보호되어야 하는가?’라는 근본적인 문제를 살펴보려 합니다. 권리는 자신의 자유뿐만 아니라 다른 사람의 행동에도 영향을 끼치지요.
그 ‘기능’과 ‘올바름’에 관한 두 가지 대표적인 철학적 생각을 자세히 공부해 보겠습니다.

권리는 무엇을 위해 존재하며, 왜 보호받는가?

방과 후의 교실. 웅변대회에 나갈 예정인 광수가 친구인 장미에게 원고를 보여줍니다.

이거 내가 쓴 원고인데, 어떻게 생각해? 뉴스 같은 걸 보고 생각한 걸 정리해 봤어. '최근 들어 외국인이 많아져 치안이 나빠졌다'라는 내용이야.

(원고를 읽으면서)…광수야, 정말로 이걸 웅변대회에서 말할 거야? '차별'이라든가 '혐오 발언'이라는 말을 들을지도 몰라.

하지만 이게 내 의견이고, '표현의 자유'라는 권리도 있잖아? 내 생각을 말하는 건 내 자유 아니야?

물론 자유롭게 발언하는 건 중요해. 하지만 그 말을 듣고 누군가가 마음에 깊은 상처를 받는다면 어떡할래? '표현의 자유'라는 게 뭐든지 말해도 된다는 건 아니지 않아?

음…. 하지만 그런 식으로 쉽게 자유가 제한된다면 '권리'라는 건 대체 무엇을 위해 존재하는 거야?

장미는 뭐라고 대답해야 할지 몰라서 조용히 고개를 숙였습니다.

그리고 광수도 생각에 잠겼습니다.

권리라는 건 애초에 무엇을 위해 존재하는 걸까? 왜 보호받아야 하는 걸까?

애초에 권리란 무엇일까?

이 이야기에서는 '표현의 자유'가 주제였지만, 세상에는 그 밖에도 수많은 권리가 있습니다. 여러분도 생각나는 것이 있으면 종이에 적어 보시기 바랍니다.

예를 들면 '살아갈 권리(생존권)', '종교의 자유', '사생활의 권리', '재산을 가질 권리(재산권)', '선거에 참가할 권리(참정권)', '교육을 받을 권리' 등 현대 사회를 사는 우리는 다양한 권리를 보장받고 있습니다.

그렇다면 애초에 '권리'란 무엇일까요?

이 의문에 대해 유명한 사상가들의 생각을 몇 가지 인용해 보겠습니다.

- 권리란 의무가 아니라 '해도 된다'라는 허가 같은 것이며, 그 권리를 가진 사람이 무엇을 자유롭게 할 수 있는가를 나타내는 것이다[※14].
- 무엇인가를 할 권리를 누군가가 갖는 일은 결코 없다. 그 사람이 가진 것은 누군가 다른 사람이 무엇인가를 할(혹은 하지 않을) 의무를 짊어진다는 권리뿐이다[※15].
- '그것을 할 권리가 있다'는 것은 '그것을 하는 것이 잘못되지 않았다'는 의미가 아니다. 다른 사람이 그것에 간섭하지 않을 의무가 있다는 주장이다[※16].

인용한 내용을 읽어 보면, **'권리'에는 '자신이 자유롭게 할 수 있는 것'을 인정하는 측면과 '주위 사람들에게 그 자유를 방해하지 않을 의무를 짊어지우는' 측면이 있음**을 알 수 있습니다.

가령 '사생활의 권리'에 관해 생각해 보겠습니다. 이는 자신의 비밀이나 개인적인 정보를 지키기 위한 권리입니다. 다른 사람이 허락 없이 자신을 엿보거나 자신의 정보를 사용하지 않게 하기 위한 권리이지요. 요컨대 자신은 안심하고 사생활을 유지할 자유를 갖는 한편으로 다른 사람에게는 멋대로 들여다보거나 훔쳐 듣거나 정보를 가져가거나 하지 않을 의무가 있는 셈이 됩니다.

이처럼 **'권리'란 '자신의 자유'와 '다른 사람이 그것을 방해하지 않을 의무'가 한 세트인 경우가 많습니다.**

자신의 자유뿐만 아니라 다른 사람의 자유도 존중해야 한다

자신이나 다른 사람의 활동을 통제한다

다음으로, '권리는 무엇을 위해 존재하는가?', '권리에는 어떤 기능이 있는가?'를 생각해 보겠습니다.

이 의문에 관해 정치철학과 법철학의 세계에서는 **'의사 이론'**과 **'이익 이론'**이라는 두 가지 생각이 논의되어 왔습니다. 이 가운데 먼저 '의사 이론' 부터 소개하겠습니다.

의사 이론에서는 '권리'란 그 권리를 지닌 사람이 자신 또는 다른 사람을 자기 뜻대로 통제할 수 있게 하기 위한 것이라고 생각합니다. 요컨대 어떤 사항에 관해 자신이 결정할 권한을 갖는 것이 권리의 본질이라는 말이지요. 알기 쉽게 말하면, '자신만의 규칙을 정할 수 있는 작은 나라의 임금님' 같은 느낌입니다※17.

실제로 **권리를 가진 사람은 다른 사람이 짊어진 의무를 없애거나, 포기하거나, 행사하거나, 무엇을 할지 하지 않을지, 혹은 자신의 힘을 어떻게 사용할지를 선택할 수 있게 됩니다.**

앞에서 나온 사생활의 권리를 예로 생각해 보겠습니다. SNS를 이용할 때, 우리는 자신의 이메일 주소나 개인 정보를 어디까지 그리고 누구에게 공개할지 결정할 수 있습니다. 이는 자신의 정보를 누구에게 어떻게 사용하게 할지를 자기 뜻대로 통제하고 있는 셈이 되지요. 이처럼 우리가 일상생활 속에서 '이것은 내가 자유롭게 결정할 수 있는 것이야'라고 느끼는 상황 대부분은 이 의사 이론에 기반을 둔 것이라고 말할 수 있습니다.

자신의 자유뿐만 아니라 다른 사람의 자유도 존중해야 한다

자신의 이익을 추구한다

의사 이론과는 다른 또 다른 생각이 **'이익 이론'**입니다.

이익 이론에서는 **권리의 기능을 그 권리를 가진 사람의 이익을 보호하는, 즉 이득을 보게 하는 데 있다**고 생각합니다.

예를 들어 여러분이 스마트폰을 새로 샀다고 가정하겠습니다. 여러분은 그 스마트폰의 '소유권'을 갖게 됩니다. 의사 이론의 관점에서 보면 여러분은 그 스마트폰을 '사용한다', '빌려준다', '아무도 못 쓰게 한다' 등 어떻게 다룰지 자신의 뜻대로 자유롭게 결정할 수 있습니다.

한편, 이익 이론에서는 '여러분이 그 스마트폰을 가짐으로써 어떤 이

익이 있는가?'가 중요합니다. 스마트폰을 사용해서 무엇인가를 검색하거나 친구들과 연락할 수 있는 것은 여러분에게 이익이 되는 일입니다. 즉 '그 권리가 있음으로써 자신에게 무언가 좋은 일이 있다'고 생각하는 것이 이익 이론이지요.

사회 전체를 예로 들어 조금 더 생각해 보겠습니다.

한국에서는 모든 아이에게 '의무 교육을 받을 권리'가 보장되어 있습니다. 그래서 초등학교나 중학교에서는 수업료를 내지 않고 공부할 수 있지요. 이는 이익 이론의 관점에서 생각하면 '미래에 자신이 하고 싶은 일을 할 수 있도록 필요한 지식과 기술을 익힌다'는 큰 이익이 있기 때문에 정부나 지방 자치 단체가 권리를 보장해 준다고 생각할 수 있습니다.

또한 병에 걸리거나 다쳤을 때 병원에서 치료받을 수 있는 것도 사회가 우리의 '의료 서비스를 받을 권리'를 지켜 주는 덕분입니다. 건강 보험 등의 제도가 있어서 치료비 중 많은 부분을 공적으로 지원받기에 우리는 필요한 의료 서비스를 받으며 건강하게 생활할 수 있습니다.

이처럼 **이익 이론에서는 '그 권리를 통해 우리에게 어떤 이익이 있는가?'를 중시하면서 이익의 의미와 가치를 생각합니다.**

의사 이론 vs. 이익 이론

자, 여러분은 의사 이론과 이익 이론 중 어느 쪽이 옳다고 생각하시나요? 각 이론의 '강점'과 '약점'을 생각해 보겠습니다.

먼저 의사 이론의 강점은 '왜 다른 사람이 그 권리를 따라야 하는가?'를 명확히 설명할 수 있다는 점입니다. 권리를 가진 사람은 '자신에 관한 것을 자신의 의지로 결정하는 힘'을 가집니다. 그래서 그 사람이 "이것은 하지 말았으면 좋겠어"라고 말하면 다른 사람은 그 말을 따라야 한다는 논리입니다.

하지만 의사 이론에는 약점도 있습니다. '사물을 자신의 뜻대로 통제하지 못하는 사람에게는 권리가 없다'는 논리가 되어 버릴 위험성이 있다는 것입니다. 가령 아직 말을 못하는 갓난아기나 의식이 없는 상태인 사람은 자신의 생각을 제대로 표현하지 못합니다. 하지만 그런 사람에게도 살아갈 권리나 안전하게 보호받을 권리가 인정되고 있지요.

이때 등장하는 것이 이익 이론입니다.

이익 이론에서는 '본인이 의사 표현을 할 수 있는가?'를 신경 쓰지 않습니다. 그 권리가 그 사람에게 이익이 된다면 그 사람에게는 그 권리가 있다고 생각합니다. 그래서 갓난아기나 의식이 없는 사람에게도 권리가 있다고 설명할 수 있습니다.

다만 이익 이론에도 약점은 있습니다. '그 권리가 정말로 이익으로 이어지는가?'가 분명하지 않을 때가 있다는 점입니다. 예를 들어 판사에게는 '유죄인가 무죄인가를 결정할 권리'가 있습니다. 하지만 이는 판사 자

신의 이익을 위해서가 아니라 사회의 규칙을 지키기 위한 것입니다. 모든 권리가 '이익'을 가져다주지는 않는 것이지요.

이처럼 의사 이론과 이익 이론에는 각각 강점과 약점이 있기 때문에 철학자들이 수백 년 동안 토론을 거듭해 왔답니다.

권리는 행복을 가져다주기에 보장된다

지금까지 권리의 본질과 기능에 관해서 생각했습니다. 그런데 애초에 우리의 권리는 왜 보호되어야 하는 걸까요? 바꿔 말하면, 우리의 권리는 어떻게 정당화될 수 있을까요?

이번에는 이 문제에 관해 생각해 보겠습니다.

먼저 '그것이 가져다주는 결과'를 근거로 권리를 정당화하는 생각에 주목해 보겠습니다. 예를 들어 이익 이론처럼 권리가 '그 사람에게 도움이 된다(이익이 된다)'면 그 권리를 보호하는 것에도 의미가 있습니다. 이처럼 '좋은 결과가 있으니까 권리를 보호해야 한다'고 생각하는 대표적인 견해가 챕터 8에서 나온 '공리주의'(→ 138쪽)이지요.

공리주의는 최대한 많은 사람이 최대한 행복해지도록 행동해야 한다는 생각입니다. '사회 전체의 행복이 최대가 되는 행동이 옳다'고 생각하지요.

이 생각을 권리에 적용하면, **모두가 권리를 보호함으로써 사회 전체의 행복이 커진다면 권리는 보호받아야 한다고 생각할 수 있습니다.**

■ 권리는 인간의 본질을 존중해야 한다는 의무에서 생겨난다

한편, '좋은 결과가 있으니까 권리를 보호해야 한다'라는 생각에 반대하는 철학자도 있습니다. 근대 철학의 아버지로도 불리는 독일의 철학자 **이마누엘 칸트**(→73쪽)가 그 대표적인 인물이지요.

칸트는 공리주의적인 생각을 부정했습니다. 행복은 사람에 따라, 때와 장소에 따라 다른, 굉장히 모호하고 어떻게 측정해야 할지 알 수 없는 것입니다. 그런 행복을 기준으로 권리나 그 밖의 사회 시스템을 정당화할 수는 없다는 것이 칸트의 생각이었지요.

또한 칸트는 **인간의 행위는 그 자체가 목적으로 파악되어야 하며, 어떤 다른 목적을 위한 수단으로 파악되어서는 안 된다**고 생각했습니다. 인간 개개인의 위엄이 존중되어야 한다는 것입니다.

그리고 인간이 타고난 첫 번째 권리는 자유, 즉 다른 사람의 선택이나 행동에 영향을 받지 않고 선택이나 행동을 할 수 있는 것이라고 주장했습니다.

물론 그런 자유는 다른 사람의 자유와 함께 성립해야 합니다.

예를 들어 광수와 장미의 대화에서 나온 '표현의 자유'에 관해 생각해 보겠습니다. 우리는 태어날 때부터 자유로우며, 인간으로서의 위엄을 존중받습니다. 그렇다면 자신의 생각이나 기분을 표현할 자유도 있을 터입니다. 그리고 주위 사람들은 그 자유를 방해하지 않을 의무가 있다고 생각할 수 있습니다. 이는 의사 이론에서 말하는 권리입니다.

다만 한편으로 그 자유는 다른 사람의 자유와 공존해야 합니다. 가령 제가 표현의 자유를 가진 것이 다른 사람의 표현의 자유를 방해해서는 안 되지요. 요컨대 **자신이 자유롭게 발언하려면 다른 사람이 발언할 자유를 보호할 필요**가 있는 것입니다.

이처럼 칸트는 우리 한 사람 한 사람이 인간으로서 존중받아야 하기 때문에 우리의 권리도 보호되어야 한다고 주장했습니다. 그리고 이를 위해서는 우리의 행동이나 선택의 자유도 일정 수준 제한될 필요가 있다고 생각했지요.

칸트의 이런 생각을 **'자연권'**이라고 부르는데, **우리가 태어날 때부터 지닌 기본적인 권리**로 여깁니다.

이는 챕터 8에서도 등장했던 홉스나 로크 등의 근대 철학의 흐름을 이어받은 것으로, 공리주의처럼 권리가 가져다주는 결과를 기준으로 권리를 정당화하는 견해와는 양립하지 않는 생각입니다.

정리

이 챕터에서는 우리의 생활과도 밀접한 '권리'에 관해서 생각해 봤습니다. 먼저 '권리란 무엇인가?'라는 의문에서 시작해, 의사 이론과 이익 이론이라는 두 가지 생각을 소개했습니다.

그리고 권리가 '왜 보호받아야 하는가?'라는 의문에 관해 공리주의(결과를 기준으로 삼는 생각)와 자연권(인간의 본질을 근거로 삼는 생각)이라는 두 가지 견해를 살펴봤습니다.

좀 더 깊이 생각해 보고 싶은 사람을 위한 숙제

의사 이론으로 설명하기 어려운 권리에는 어떤 것이 있을까요? 이익 이론으로 설명하기 어려운 권리에는 어떤 것이 있을까요?

또한 사생활의 권리 등 구체적인 권리에 관해서 공리주의를 근거로 한 권리의 정당화가 어떻게 최대 다수의 최대 행복으로 이어질 수 있는지 생각해 봅시다.

그리고 자연권이라는 발상에는 어떻게 반론할 수 있을까요?

Chapter 10

그건 논파한 게 아니야!

- 비겁한 토론 방법에 지지 않는 세 가지 사고법

키워드

- 추론
- 연역법
- 귀납법
- 귀추법
- 오류
- 인신공격(에드 호미넴)
- 후건 긍정

우리는 보통 대화를 나누거나 생각을 할 때 "그건 논리적이지 않아"라든가 "논리적으로 생각해 보자"라고 말하는 경우가 있습니다. 그런데 '논리적으로 생각한다'는 것은 대체 무엇일까요?

챕터 10에서는 '전제'와 '결론'을 연결하는 '추론'에 관해서 공부하겠습니다.
세 가지 기본적인 사고법——'연역법', '귀납법', '귀추법' 그리고 자주 저지르는 잘못인 '오류'(잘못된 논법)에 관해서도 소개하겠습니다.

■ 무엇이 논리적인 사고일까?

갑작스럽겠지만, 간단한 퀴즈를 내겠습니다. 다음의 짧은 문장은 각각 **'전제(이유)'**에서 **'결론(주장)'**을 이끌어낸 것입니다. 예를 들면 'A이기 때문에 B다' 같은 형태이지요.

여기에는 '논리적인 것'과 '그렇지 않은 것'이 섞여 있습니다. 어느 것이 논리적인지 ○와 ×로 표시해 보시기 바랍니다.

① 부회장은 학생회장이 없을 때 회장을 대리한다. 오늘은 회장이 결석했기 때문에 부회장이 대신 회장 역할을 한다.

② 같은 반 친구 네 명이 '시험 전에 정리 노트를 만든다'는 방법으로 공부했는데, 모두 성적이 올랐다. 그러므로 정리 노트를 만들면 누구나 성적이 오를 것이다.

③ 이번 정책 제언도 실현 가능성이 없다. 도지사는 항상 즉흥적으로 떠오른 생각을 말할 뿐이기 때문이다.

④ 만약 그 드라마가 큰 인기를 끌고 있다면 SNS에서 인기 검색어 순위에 올랐을 것이다. 그리고 실제로 SNS의 인기 검색어 순위에 올랐다. 그러므로 그 드라마는 큰 인기를 끌고 있는 것이 분명하다.

⑤ 올해 벚꽃놀이 날에도 비가 올 것이다. 왜냐하면 작년에 벚꽃놀이를 갔을 때 비가 내렸고, 재작년에도 비가 내렸다.

⑥ 특별활동 시간이 되어 체육관에 왔는데 아무도 없다. 갑자기 취소되었는지도 모르겠다.

⑦ 밤 10시 이후에는 18세 미만의 출입을 금지하는 가게가 있다. 나는 17세이므로 밤 10시가 지나면 그 가게에 출입할 수 없다.

⑧ 공원을 산책하고 있는데 모래밭에 스마일 마크가 그려져 있었다. 누군가가 장난이라든가 어떤 이유로 그리고 갔나 보다.

전제, 결론, 추론

이 챕터의 주제는 '논리학'입니다. 논리학은 올바른 사고법이나 논의의 규칙을 연구하는 학문이지요. 고대 그리스의 **아리스토텔레스**(→ 84쪽)가 활약하던 시절부터 발전해 온 역사 깊은 철학 분야로, 최근에는 수학이나 컴퓨터 과학과 관련이 있는 중요한 주제가 되었습니다.

이 챕터에서 논리학의 기초를 공부해 봅시다.

앞의 문장 ①~⑧도 전부 '추론'의 예입니다.

추론은 이유나 근거가 되는 '전제'와 최종적으로 이끌어내고자 하는 의견 또는 주장인 '결론'이라는 두 가지 요소로 구성되어 있습니다.

가령 앞의 문장 ①~⑧은 전부 추론으로 생각할 수 있지요.

전제는 '왜냐하면', '~이기 때문에' 등으로 표현하고 결론은 '그러므로', '그렇기 때문에' 같은 표현을 사용하는데, **각각 문장의 의미와 연결을 잘 이해해서 무엇이 주장이고 무엇이 이유나 전제로 제시되었는지를 정확히 파악해야 합니다.**

아래에 전제는 밑줄로, 결론은 빨간색 글자로 표시했습니다만, 일단 앞 페이지로 돌아가 직접 전제와 결론을 파악해 보시기 바랍니다.

① 부회장은 학생회장이 없을 때 회장을 대리한다. 오늘은 회장이 결석했기 때문에 **부회장이 대신 회장 역할을 한다.**

② 같은 반 친구 네 명이 '시험 전에 정리 노트를 만든다'는 방법으로 공부했는데, 모두 성적이 올랐다. 그러므로 **정리 노트를 만들면 누구나 성적이 오를 것이다.**

③ **이번 정책 제언도 실현 가능성이 없다.** 도지사는 항상 즉흥적으로 떠오른 생각을 말할 뿐이기 때문이다.

④ 만약 그 드라마가 큰 인기를 끌고 있다면 SNS에서 인기 검색어 순

위에 올랐을 것이다. 그리고 실제로 SNS의 인기 검색어 순위에 올랐다. 그러므로 **그 드라마는 큰 인기를 끌고 있는 것이 분명하다.**

⑤ **올해 벚꽃놀이 날에도 비가 올 것이다.** 왜냐하면 작년에 벚꽃놀이를 갔을 때 비가 내렸고, 재작년에도 비가 내렸다.

⑥ 특별활동 시간이 되어 체육관에 왔는데 아무도 없다. **갑자기 취소되었는지도 모르겠다.**

⑦ 밤 10시 이후에는 18세 미만의 출입을 금지하는 가게가 있다. 나는 17세이므로 **밤 10시가 지나면 그 가게에 출입할 수 없다.**

⑧ 공원을 산책하고 있는데 모래밭에 스마일 마크가 그려져 있었다. **누군가가 장난이라든가 어떤 이유로 그리고 갔나 보다.**

추론을 평가하는 두 가지 접근법

좋은 추론과 나쁜 추론을 구별하려면 다음 두 가지를 확인해야 합니다.

① **전제가 옳은가, 아닌가?**: 기반이 되는 이유나 근거가 틀렸다면 최종 주장인 결론을 올바르게 이끌어낼 수 없습니다.

② **전제와 결론의 연결이 강한가?**: 아무리 전제가 옳더라도 결론과 관계가 없다면 의미가 없습니다. 또한 전제가 결론을 뒷받침하더라도 그 뒷받침이 약하다면 그 추론은 '좋은 추론'이라고 말할 수 없지요.

그 예로, 문장 ⑤의 추론을 살펴보겠습니다.

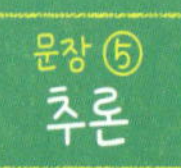

전제: 작년에 벚꽃놀이를 갔을 때 비가 내렸고, 재작년에도 비가 내렸다.

결론: 올해 벚꽃놀이 날에도 비가 올 것이다.

이 추론을 평가하려면 먼저 전제가 정말인지 아닌지 확인할 필요가 있습니다. 만약 작년이나 재작년에 날씨가 화창했다면 애초에 전제가 틀린 것이기 때문이지요. 또한 만약 전제가 옳아서 작년과 재작년에 모두 비가 내렸다 해도 그 사실이 얼마나 결론을 강하게 뒷받침하는지 따져볼 수 있습니다.

논리학은 주로 이 **'전제와 결론의 연결이 강한가?'**에 관해서 연구하는 분야입니다.

3대 논법

추론에는 여러 형태가 있는데, 그중에서도 특히 중요한 것이 다음의 세 가지 방법입니다.

1. 연역적 추론
2. 귀납적 추론
3. 귀추적 추론

각각 어떤 특징이 있는지 살펴보겠습니다.

먼저 '연역적 추론'은 **전제가 참이라면 결론도 반드시 참이라는 추론**입니다. 이는 전제가 결론을 가장 강하게 뒷받침하는 형태의 추론으로, 논리학은 연역적 추론을 주된 연구 대상으로 삼아 왔습니다.

그 예로, 문장 ①과 ③의 추론을 살펴보겠습니다.

문장 ① 추론

전제 A: 부회장은 학생회장이 없을 때 회장을 대리한다.

전제 B: 오늘은 회장이 결석했다.

결론: 그래서 부회장이 대신 회장 역할을 한다.

전제 A와 B가 모두 참이라면 결론도 참이어야 합니다. 이 경우, 부회장이 아닌 다른 학생이 회장을 대리한다면 전제 A가 성립하지 않은 셈이 되므로, 이는 '연역적 추론'이 됩니다(마찬가지로, 문장 ⑦도 연역적 추론입니다. 직접 확인해 보세요).

그렇다면 문장 ③의 추론은 어떨까요?

문장 ③ 추론	전제:	도지사는 항상 즉흥적으로 떠오른 생각을 말할 뿐이다.
	결론:	이번 정책 제언도 실현 가능성이 없다.

분명히 전제는 도지사의 성격에 관한 정보입니다. 하지만 그것만으로 '이번 정책 제언도 실현 가능성이 없다'고 확신하기는 어렵지요. 요컨대 전제가 참이더라도 결론이 참이지 않을 가능성이 있습니다. 평소에는 즉흥적으로 떠오른 생각만 말하던 도지사도 가끔은 실현 가능성이 있는 제안을 할지 모르기 때문입니다.

이처럼 전제가 성립했는데 결론이 성립하지 않는 경우를 '반례'라고 부릅니다.

'반례가 없다 = 연역적 추론', **'반례가 있다 = 연역적이지 않다'**라고 기억해 두시기 바랍니다.

일반적으로 '논리적 사고'라든가 '논리적 주장'이라고 말하는 것은 엄

밀히 말하면 '연역적 추론'을 가리킵니다. 다만 일상적인 대화 등에서는 좀 더 느슨하고 넓은 의미에서 그럴듯하고 설득력 있는, 잘 정리된 주장이나 사고법을 '논리적'이라고 말하기도 한답니다. 그런 의미의 '논리적'은 사실 연역적이 아닌, 즉 본래의 의미에서 논리적이지 않은 경우가 대부분이지요.

지금까지의 경험을 바탕으로 추론한다

다른 두 가지 추론인 '귀납적 추론'과 '귀추적 추론'도 연역적 추론만큼 전제가 결론을 강하게 뒷받침하지는 않지만 우리의 생각이나 주장에서 매우 중요한 역할을 차지하고 있습니다. 그중에서 먼저 '귀납적 추론'부터 구체적인 예를 바탕으로 살펴보도록 하겠습니다.

귀납적 추론은 몇 가지 구체적인 사례나 데이터를 바탕으로 '아마도 이럴 것이다'라고 모든 것에 관한 규칙을 이끌어내려고 하는 추론입니다.

그 예로, 문장 ②의 추론을 살펴보겠습니다.

문장 ② 추론

전제: 같은 반의 친구 네 명이 정리 노트를 만들어 공부했는데 성적이 올랐다.

결론: 그러므로 정리 노트를 만들면 누구나 성적이 오를 것이다.

이 경우, 네 명의 성공 사례만으로 "누구에게나 효과가 있을 것이다"라고 단언할 수는 없습니다. 하지만 과거의 사례에서 네 명의 성적이 올랐으므로 '다른 사람에게도 효과가 있을지 몰라'라는 기대감은 높아집니다. 요컨대 **연역적인 추론만큼 전제와 결론의 연결이 강하지는 않지만, 지금까지 확인된 사실을 근거로 결론이 옳을 가능성을 더욱 높이는 것이 귀납적 추론이라고 말할 수 있지요.**

이런 관점에서 생각하면, 문장 ⑤의 추론(벚꽃놀이 날 2년 연속으로 비가 내렸으니 올해도 비가 내릴 것이다)도 과거의 예를 통해 미래를 예측한다는 의미에서 귀납적 추론에 해당합니다.

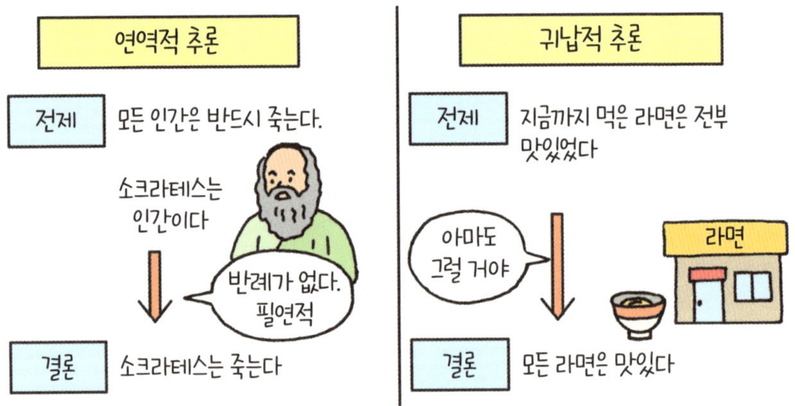

■ 관찰이나 실험을 바탕으로 가설을 세운다

세 번째 중요한 추론 형식은 **'귀추적 추론'**이라고 부르는 것입니다. 영어로는 'abduction'이라고 하지요.

귀추적 추론은 전제로서 관찰된 사실을 최선의 형태로 설명할 수 있는 가설을 결론으로 삼습니다. 다시 말해 '지금 눈앞에서 일어난 사실을 어떻게 설명해야 가장 그럴듯할까?'라는 생각이지요. 문장 ⑥의 추론을 살펴보겠습니다.

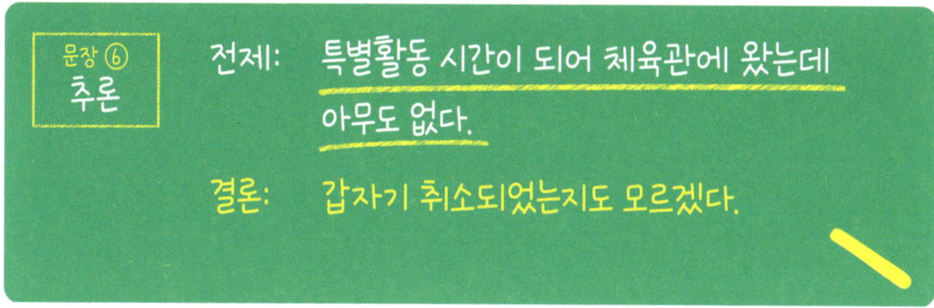

특별활동 시간이 되어 체육관에 왔는데 아무도 없다는 관찰에서 시작해, 그것을 설명하는 가설로서 특별활동이 갑자기 취소되었다는 결론을 이끌어냈습니다.

하지만 그 결론이 반드시 옳다는 보장은 당연히 없습니다. 어쩌면 자신이 시간을 착각했거나 모두가 단체로 지각을 했을 뿐인지도 모르지요. 그러므로 연역적인 추론은 아닙니다. 또한 특별활동 시간에 아무도 없다는 것은 그 장소에서 딱 한 번 관찰한 것일 뿐 과거에 여러 차례 관찰한 결과를 바탕으로 결론을 이끌어낸 것이 아니기에 귀납적 추론도 아닙니다.

이와 마찬가지로 문장 ⑧의 추론도 귀추적 추론입니다.

전제: 모래밭에 스마일 마크가 그려져 있었다.

결론: 누군가가 장난이라든가 어떤 이유로 그리고 갔나 보다.

모래밭에 그려진 스마일 마크를 관찰하고 누군가가 그렸을 것이라는 가설을 세웠습니다. 어쩌면 개미들이 지나간 흔적이 우연히 스마일 마크처럼 보였을 뿐인지도 모르지만, 그렇게 가정하기보다는 '누군가가 그렸다'는 가정이 좀 더 그럴듯하기 때문입니다.

귀추적 추론은 어떤 관찰에 대해 최선으로 생각되는 결론을 '일단' 세운다는 성질상 연역적 추론처럼 전제가 결론을 완전히 뒷받침하지도 않고, 귀납적 추론처럼 복수의 관찰을 통해 일반 법칙을 이끌어낸 것도 아닙니다. '지금 일어난 사실에 맞는 가장 그럴듯한 설명'을 하기 위한 추론 방법이며, 일상생활이나 과학 연구 등에서 자주 사용됩니다.

모두가 착각하기 쉬운 잘못된 논법 '오류'

지금까지 추론에는 '연역적 추론', '귀납적 추론', '귀추적 추론'이라는 세 가지 대표적인 형식이 있음을 공부했습니다. 그러면 앞에서 예로 든 여덟 개의 추론이 각각 어떤 종류의 추론이었는지 정리해 보겠습니다.

- **연역적 추론**: ①, ⑦
- **귀납적 추론**: ②, ⑤
- **귀추적 추론**: ⑥, ⑧

이렇게 정리하면 문장 ③과 ④의 추론이 남는데, 이 둘은 '전제와 결론의 연결이 약한 잘못된 추론'입니다. **'오류'**라고 부르는 것이지요.

둘 다 특히 저지르기 쉬운, 흔히 볼 수 있는 오류 패턴이기에 각각 이름이 있습니다.

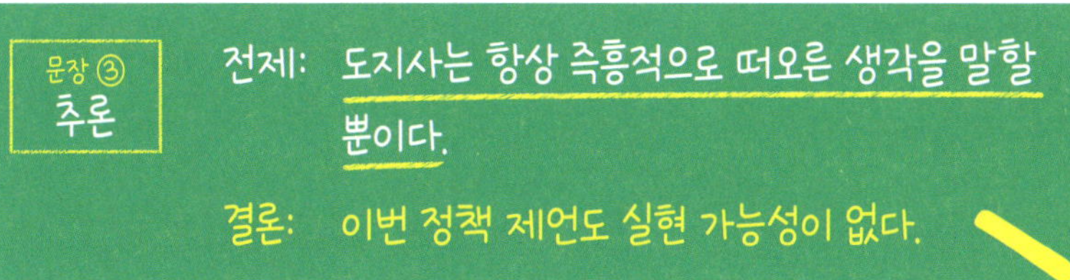
문장 ③ 추론

전제: 도지사는 항상 즉흥적으로 떠오른 생각을 말할 뿐이다.

결론: 이번 정책 제언도 실현 가능성이 없다.

문장 ③의 추론에서는 결론이 '이번 정책 제언'에 관한 것임에도 '도지사의 성격'을 그 근거로 들었습니다. 요컨대 '그 사람이 말한 것이기에 신뢰할 수 없다'며 주장이 아니라 사람 자체를 공격한 것이지요. 이런 논법을 **'인신공격'** 또는 라틴어로 **'애드 호미넴(ad hominem)'**이라고 부른답니다. 어디에서나 굉장히 자주 볼 수 있는 잘못된 논법이지요.

다음에는 문장 ④의 추론을 살펴보겠습니다.

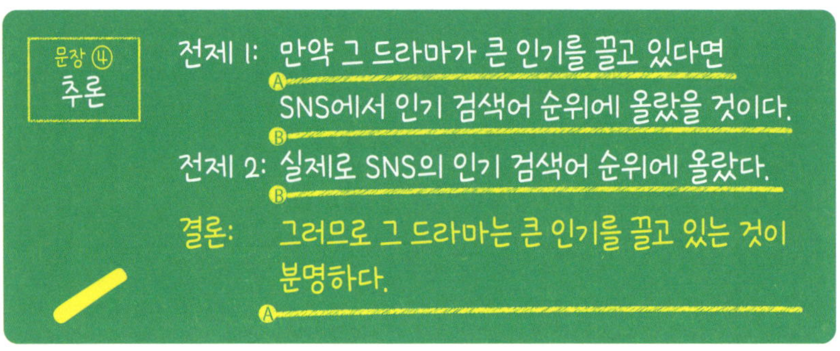

문장 ④의 추론에서는 전제 1이 'A라면 B'의 형태인 것에 주목해 주십시오. 그렇다면 전제 2는 그 'B'에 해당하는 것이 됩니다.

만약 'A라면 B'에서 'A'에 해당한다면 'B'로 결론을 이끌어내는 것은 논리적인 추론입니다. 가령 A '만약 비가 온다면', B '운동회는 중지'이고 A '오늘은 비'라는 전제라면 B '오늘의 운동회는 중지'가 되지요.

하지만 다시 한번 문장 ④의 추론을 유심히 살펴보시기 바랍니다. 'A라면 B'에서 'B'이므로 'A'라는, 순서가 정반대인 추론이 되어 버렸습니다.

최초의 전제는 'A라면 B(인기가 있다면 SNS에서 인기 검색어 순위에 오를 것)'입니다.

다음 전제는 'B가 일어났다(SNS에서 인기 검색어 순위에 올랐다)'입니다.

그리고 'A가 일어났다(인기가 있다)'고 결론을 내렸습니다.

이처럼 'A라면 B', 'B가 일어났다' → '그러므로 A다'라고 생각하는 추론에는 반박 가능성이 있습니다. 문장 ④의 추론을 예로 들면, 인기 검색어 순위에 오른 것은 인기가 있어서가 아니라 그 드라마에 대한 비판이 많아서 화제가 되었을 뿐일 수도 있지요. 요컨대 전제가 옳아도 결론이 성립하지 않는 경우가 있다는 뜻이며, 그래서 연역적 추론이 아닌 것입니다.

논리적인 추론의 올바른 형태와 잘못된 형태

일반적으로 'A라면 B'나 '만약에 A라면 B' 같은 문장을 **'조건문'**이라고 합니다. 그리고 A는 조건문의 앞부분이기에 **'전건'**, B는 뒷부분이기에 **'후건'**이라고 부르지요.

앞에서 이야기했듯이, 'A라면 B'에서 'A'라면 'B'를 연역할 수 있습니다. 이 형태의 추론은 매우 흔하며, 조건문(A라면 B)의 전건(A)을 긍정하는 추론이기에 '전건 긍정'이라는 이름이 붙었습니다.

전건 긍정

A 라면 B + A 이므로 B

하지만 문장 ④처럼 그 반대('A라면 B'에서 'B')일 경우, 그것은 잘못된 논법입니다. 이쪽도 종종 볼 수 있는 잘못으로, **'후건 긍정'**이라고 부르지요. 조건문의 후건인 B를 긍정하기 때문입니다.

후건 긍정

A 라면 B + B 이므로 A

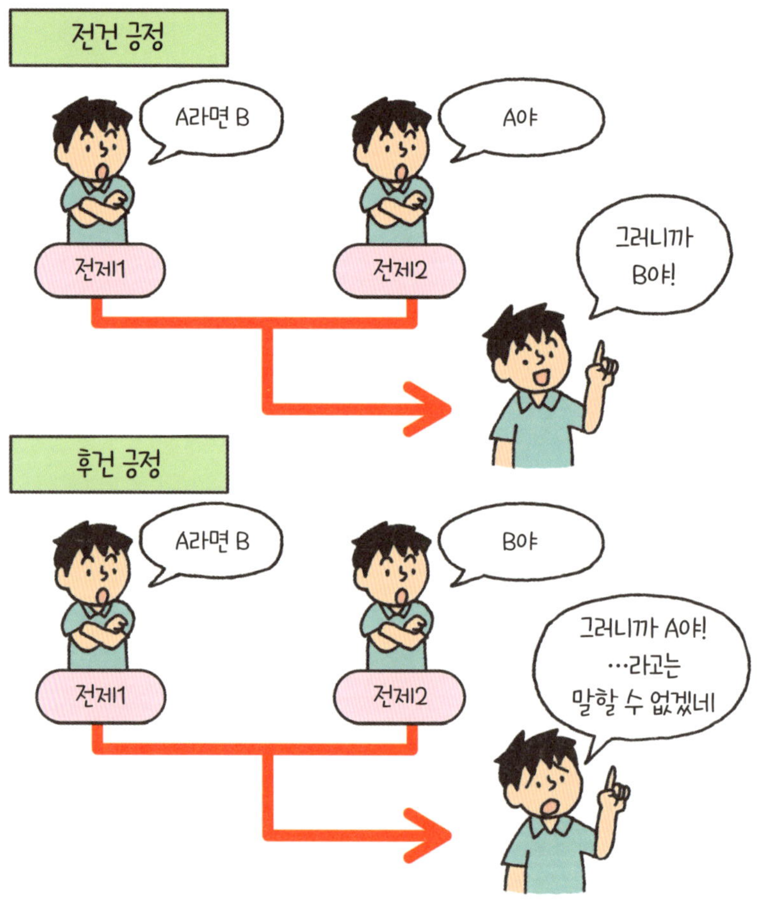

이처럼 '오류'는 '인신공격'이나 '후건 긍정'처럼 종종 볼 수 있는 잘못된 논법으로, 지금 소개한 것 외에도 여러 종류가 있습니다.

이와 마찬가지로 전건 긍정처럼 올바른 연역의 형태도 매우 많으며, 자주 사용되는 것에는 이름이 붙어 있답니다.

그러면 올바른 형태(연역)와 잘못된 형태(오류)를 조금 더 정리해 보겠습니다.

■ **조건문 'A라면 B'가 있을 때:**

- 올바른 추론: 전건 긍정

  'A라면 B'에서 'A' → 'B'

  (예: '비가 오면 운동회는 중지' '오늘은 비'→'운동회는 중지된다')

- 잘못된 추론: 후건 긍정(추론 4의 패턴)

  'A라면 B'에서 'B' → 'A'

  (예: '비가 오면 운동회는 중지' '오늘 운동회는 중지'→'오늘은 비'…?)

또한 인신공격(문장 ③)도 흔히 볼 수 있는 오류입니다.

이런 '잘못된 추론(오류)'에는 여러 가지 패턴이 있습니다. 그 패턴들을 알아 놓으면 자신의 생각을 논리적으로 정리할 때, 다른 사람의 주장을 올바르게 판단하거나 반론할 때 굉장히 큰 도움이 된답니다.

정리

챕터 10에서는 '논리적인 사고란 무엇인가?'를 주제로 논리학의 기초를 공부했습니다. 그러면 다시 한번 내용을 정리해 보겠습니다.

- 추론이란 '전제(이유)'에서 '결론(주장)'을 이끌어내는 사고법.
- 추론을 평가할 때는 '전제가 옳은가?', '전제와 결론의 연결이 강한가?'라는 두 가지가 중요하다.
- 추론에는 세 가지 기본 패턴이 있다:
    - 연역적 추론(전제가 참이라면 결론도 반드시 참이다)
    - 귀납적 추론(몇 가지 예를 바탕으로 일반적인 규칙을 이끌어낸다)
    - 귀추적 추론(관찰된 사실을 가장 그럴듯한 이유로 설명한다)

또한 자주 볼 수 있는 잘못된 추론(오류)으로는 '인신공격'과 '후건 긍정' 등이 있습니다.

좀 더 깊이 생각해 보고 싶은 사람을 위한 숙제

올바른 연역이나 잘못된 논법(오류)은 이 챕터에서 소개한 것 외에도 많습니다. 다음의 용어에 관해서도 조사해 봅시다.

- 연역의 대표적인 예
  - 후건 부정
  - 가언적 삼단 논법
  - 선언적 삼단 논법
  - 양도논법
- 오류의 대표적인 예
  - 허수아비 논법
  - 순환 논법
  - 미끄러운 비탈길 논법

각각 어떤 특징이 있으며 왜 옳은지/틀렸는지 생각해 봅시다.

Chapter 11

'과학이야말로 진리'가 아니다!?

– 과학철학 입문

키워드

- 귀납적 추론
- 가설 연역법
- 검증주의
- 반증주의

이야기를 하다 보면 “그건 과학적으로 증명됐어”라는 말을 들을 때가 있습니다. 그런데 과학은 항상 옳은 것일까요? 이 소박한 의문이 챕터 11의 주제입니다.

수많은 실험과 관찰 결과 보이게 되는 법칙, 그곳에 있는 예측이나 가실의 사고법, 이론과 실험 데이터가 맞지 않을 때 무슨 일이 일어날까?
과학의 구조를 알면 뉴스나 정보를 분간하는 힘을 키울 수 있답니다.

■ 아인슈타인의 일반 상대성 이론 검증 실험

'20세기 최고의 물리학자'로도 평가받는 **알베르트 아인슈타인**의 위대한 업적 중 하나로 **'일반 상대성 이론'**이 있습니다.

알베르트 아인슈타인
(1879~1955)

독일 출생의 물리학자. '상대성 이론'으로 시간과 공간에 대한 생각을 크게 바꿔 놓았다. 과학뿐만 아니라 평화와 인권에 관해서도 적극적으로 발언했다.

아인슈타인은 이 이론에서 '중력이란 시간과 공간(=시공)이 일그러져서 생기는 것'이라고 가정했습니다. 이 가정에 따르면 태양 같은 크고 무거운 별은 시공을 크게 일그러뜨려서 그 근처를 지나가는 빛의 진로를 구부린다고 생각할 수 있지요.

실제로 아인슈타인은 태양 근처를 통과하는 별의 빛이 약 1.75초각만큼 휘어질 것이라고 예측했습니다(1초각은 3600분의 1도입니다 – 옮긴이).

그리고 1919년, 영국의 천문학자인 아서 에딩턴의 팀이 이 아인슈타인의 예측을 검증하기 위해 개기일식이 일어났을 때 태양 주위에 보이는 별을 촬영했습니다. 개기일식일 때는 평소 태양 빛 때문에 보이지 않는 별의 위치를 확실히 관측할 수 있지요.

그런 다음 일식일 때 촬영한 별의 위치와 평소 밤하늘에서 보이는 별의 위치(태양 때문에 빛이 휘어지지 않을 때의 위치)를 비교해 봤습니다.

그 결과, 실제로 아인슈타인이 예측한 것처럼 빛이 휘어져 있었음을 알게 되었습니다. 게나가 휘이진 정도도 아인슈타인이 계산했던 약 1.75초각과 일치했답니다!

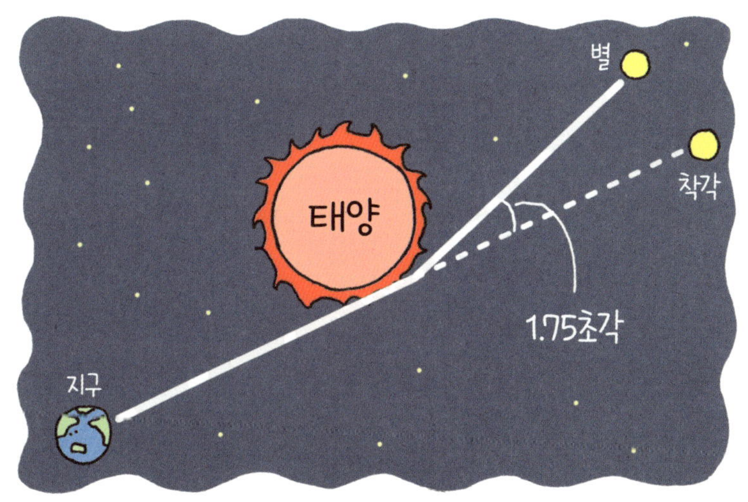

이처럼 관측된 데이터와 이론적인 예측이 일치함에 따라 아인슈타인의 일반 상대성 이론은 실험적으로도 옳음이 증명되었습니다. 게다가 그 후에도 여러 가지 새로운 실험과 관찰을 통해 일반 상대성 이론이 옳다는 것을 뒷받침하는 증거가 쌓여 갔지요.

과학과 점은 어떻게 다를까?

이번에는 조금 다른 이야기인데, 오늘 저의 별자리 점괘는 다음과 같았습니다.

조언 한마디

- ☑ 자신이 느낀 점을 주위 사람들에게 말로 전하면 행운이 찾아옵니다.
- ☑ 기쁜 일이나 긍정적인 감정을 적극적으로 주위 사람들과 공유하면 운기가 상승합니다.
- ☑ 무리하게 노력하기보다 도움을 구하면서 진행하는 것이 좋습니다.

저는 이 조언에 따라 지금까지 명확하게 말하지 못했던 것을 친구에게 말해 봤습니다. 그랬더니 친구도 공감했고, 저와 친구의 사이는 더욱 좋아졌지요. 즉 첫 번째 조언인 "자신이 느낀 점을 주위 사람들에게 말로 전하면 행운이 찾아옵니다"는 정확했던 것입니다.

아인슈타인의 이론 같은 경우는 별을 관찰함으로써 예측이 옳았음을 확인할 수 있었습니다. 한편 별자리 점의 조언도 오늘 저에게 일어난 사건과 정확히 일치했지요.

과학과 별자리 점. 양쪽 모두 '별'과 관계가 있지만, 우리는 직감적으로 '이 둘은 전혀 다른 것'이라고 느낍니다. 그렇다면 구체적으로 과학과 점의 차이는 무엇일까요? 잠시 차이점을 몇 가지 생각해 보시기 바랍니다.

챕터 10에서는 '논리적 사고'에 관해 공부했는데, 이번에는 '과학적 사고'에 관해 살펴보도록 하겠습니다. '과학이란 무엇인가?'라는 의문을 출발점으로, '과학철학'이라는 분야의 기본적인 사고법을 통해 과학의 본질에 다가가 보려 합니다.

실험이나 데이터에서 규칙성을 찾아낸다

과학에는 있지만 점에는 없는 특징 중 하나로, **과학은 실험이나 데이터를 기반으로 삼는다**는 점을 생각한 사람도 있을 것입니다. 아인슈타인의 예처럼 과학 이론에는 특정한 실험이나 관찰을 바탕으로 한 확실한 근거가 있는 데 비해, 별자리 점의 경우는 그런 근거가 거의 없습니다.

다만 그것만이 점과 과학의 차이점이라면 한발 물러서서 "아니야, 별자리 점에도 근거가 있다고"라고 우길 수도 있을 것입니다. 실제로 점괘가 맞는 경우도 있기 때문이지요. "점괘가 맞았다는 것 자체가 그 별자리 점이 옳았다는 증거야"라고 주장한다면 그것을 완전히 부정하기는 쉽지 않을 것입니다.

하지만 과학의 근거는 지금까지 축적되어 온 수많은 실험과 관찰에 기반을 두고 있습니다. 우연히 오늘의 점괘가 맞았다고 해서 그것만으로 별자리 점이 과학처럼 근거 있는 것이라고는 말할 수 없지요.

챕터 10에서 공부했던 **'귀납적 추론'**을 다시 한번 떠올려 보시기 바랍니다(→ 169쪽). 이는 몇몇 구체적인 사례를 통해 일반적인 규칙을 이끌어 내려고 하는 추론이었습니다. 이 귀납적 추론과 마찬가지로, **'지금까지의 데이터에서 규칙성을 발견하고 그 규칙성에서 법칙을 이끌어낸다'는 것이 과학의 기본적인 사고법**이라고 생각할 수 있을지도 모릅니다. 실제로 고대 그리스의 철학자인 **아리스토텔레스**(→ 84쪽)나 근대의 철학자인 **프랜시스 베이컨**으로 대표되는 영국의 '경험론'에서는 '실제로 경험한 사실로부터 규칙을 찾아내는 것'이 과학적 사고의 본질이라고 생각했습니다.

프랜시스 베이컨
(1561~1626)

영국의 철학자. 자연을 관찰하고 실험을 통해 지식을 얻는 '과학적인 방법'의 중요성을 강조했다. 미신이나 선입견을 초월해서 자연을 이해하려 했다.

만유인력의 법칙으로 유명한 **아이작 뉴턴**도 이처럼 경험을 중시한 것으로 유명합니다.

아이작 뉴턴
(1642~1727)

영국의 과학자. '만유인력의 법칙' 등을 통해 자연계의 구조를 수학으로 설명했다. 사과가 떨어지는 것을 보고 영감을 얻었다는 이야기로도 유명하다.

하지만 사실 귀납적 추론에는 약점도 있습니다. 몇 번 같은 일이 일어났다고 해서 다음에도 반드시 같은 일이 일어난다는 보장은 없기 때문이지요. 또한 챕터 4에서도 다뤘듯이, 철학자 데이비드 흄은 우리가 '원인과 결과의 관계'라고 생각하는 것은 단순히 우리 마음의 습관이며, 세상이 정말로 그런 법칙에 따라 움직이고 있는지는 알 수 없다고 생각했습니다.

다시 말해 지금까지의 데이터를 바탕으로 법칙성을 찾아내더라도 그것이 '자연법칙'이라고 부를 수 있을 만큼 확실한 것이라고 단언할 수는 없는 것입니다.

가설과 논리로 검증한다

이제 귀납적 추론에는 한계가 있음을 알았습니다. 그렇다면 과학의 본질은 어디에 있는 것일까요?

이 의문에 대해, **과학의 본질은 가설을 사용하는 특별한 방법**에 있다고 생각한 사람들이 있었습니다. 그러면 다시 앞에서 소개한 아인슈타인의 예로 돌아가 보겠습니다.

아인슈타인은 일반 상대성 이론에서 '중력은 시간과 공간이 일그러져서 생기는 것'이라는 '가설'을 세웠습니다.

그런 다음 논리와 계산을 사용해 구체적인 예측을 하는 데 성공했지요. 챕터 10에서 공부한 '연역법'을 사용해 옳은지 틀렸는지를 실험으로 판정할 수 있는 구체적인 예측을 이끌어낸 것입니다.

그리고 에딩턴의 관측 결과를 통해 예측이 옳았음이 확인되었습니다.

이렇게 해서 본래의 가설이 옳았음이 뒷받침된 것이지요.

요컨대 **가설을 세우고, 그 가설을 바탕으로 예측을 하고, 실험으로 그 예측을 확인했습니다.**

이 흐름을 간단한 도식으로 나타내면 다음과 같습니다.

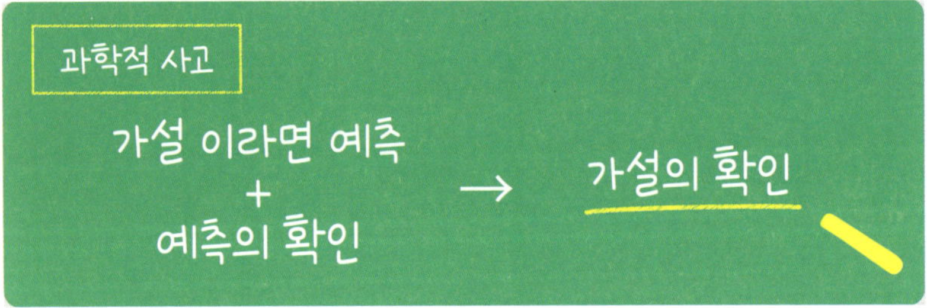

이처럼 **가설에서 논리적으로 예측을 이끌어내고 그것을 실험이나 관측으로 확인하는 방법을 '가설 연역법'이라고 합니다.** 앞에서 소개한 아인슈타인의 이야기는 이 가설 연역법의 좋은 예가 되었지요.

가설은 어디에서 오는 걸까?

하지만 가설 연역법이 가설에서 출발한다면 그 출발점이 되는 가설은 어떻게 해야 세울 수 있을까요?

챕터 10을 읽은 독자 여러분이라면 이 의문에 대답할 수 있을 것입니다.

그렇습니다. 이때 도움이 되는 것이 바로 **'귀추적 추론'**이지요.

귀추적 추론에서는 관찰된 사실을 가장 잘 이해할 수 있는 설명을 생각합니다. 전제가 되는 관찰 결과를 가장 잘 설명할 수 있는 가설을 결론으로서 이끌어내지요.

과학자들은 지금까지 축적되어 온 이론이나 데이터를 참고하면서 가장 적절하고 유력하다고 생각되는 가설을 세웁니다. 그리고 그 가설을 출발점으로 가설 연역법이 시작되는 것입니다.

과학의 세계에서 귀추적 추론을 사용한 실제 사례로, 19세기에 '해왕성'을 발견한 이야기를 소개하겠습니다.

당시 천문학자들은 이미 '천왕성'이라는 행성의 존재를 알고 있었으며, 그 움직임도 관찰하고 있었습니다. 그런데 어떤 문제가 천문학자들의 머리를 아프게 했습니다. 그 천왕성의 움직임이 뉴턴의 '만유인력의 법칙'을 기반으로 계산한 결과와 일치하지 않았던 것입니다.

그 오차를 어떻게 설명할 것인가? 이에 대한 최선의 설명으로 등장한 것이 '천왕성의 바깥쪽에 아직 발견되지 않은 다른 행성이 존재해서 그

중력 때문에 천왕성이 계산과는 약간 다른 궤도로 움직이고 있다'는 가설이었습니다.

천문학자들은 그 가설에 입각해, 천왕성 궤도의 오차를 실마리 삼아 아직 발견되지 않은 행성의 위치를 예측했습니다. 그리고 1846년, 마침내 독일의 천문학자인 요한 갈레가 그 예측을 바탕으로 여덟 번째 행성인 '해왕성'을 발견했답니다.

이는 **귀추적 추론을 통해 가설을 세우고 그 가설을 가설 연역법으로 검증해 실제로 새로운 행성을 발견한** 매우 알기 쉬운 사례입니다.

■ 검증할 수 있기에 과학이다

가설 연역법의 가설이나 연역 등에 대한 자세한 이야기는 건너뛰고, 과학의 본질은 실험이나 데이터를 바탕으로 실시하는 '검증'에 있다고 단순하게 생각할 수도 있습니다. 이런 생각을 **'검증주의'**라고 부르지요.

20세기 초반, 영국의 **앨프리드 노스 화이트헤드**와 **버트런드 러셀**, 오스트리아 출신인 **루트비히 비트겐슈타인** 등의 사상의 흐름을 이어받은 **'빈 학파'**라는 철학자 집단이 등장했습니다.

앨프리드 노스 화이트헤드 (1861~1947)

영국의 철학자·수학자. 러셀과 함께 수학의 기초를 정리했으며, 그 후에는 자연과 우주를 '변화하는 과정'으로 파악하는 철학을 전개했다.

버트런드 러셀 (1872~1970)

영국의 철학자·수학자. 논리와 수학을 사용해 철학을 분석하려 했다. '핵무기 반대' 운동에도 관여했으며, 평화 활동가로도 유명하다.

루트비히 비트겐슈타인 (1889~1951)

오스트리아 출신의 철학자. 언어와 세계의 관계를 깊이 고찰했다. 전기의 생각과 후기의 생각이 크게 달라서, '언어의 사용법'에 주목한 후기의 사상은 지금도 수많은 논쟁을 부르고 있다.

빈 학파는 검증 가능한 과학적 지식, 그리고 논리와 수학을 사용해 인류의 지식을 다시 정리하자는 **'논리실증주의'**라는 철학 운동을 일으켰습니다. 논리실증주의자는 실험이나 데이터를 통해서 검증할 수 있다는 것이 과학의 본질이며, 과학적으로 검증이 불가능한 주장은 무의미하다고 생각했습니다.

■ 부정할 수 있기에 과학이다

그런데 가설 연역법에는 중대한 약점이 있었습니다. 앞에서 소개한 '과학적 사고'의 도식으로 다시 돌아가 보겠습니다. 이는 챕터 10에서 해설한 추론의 형태 중 하나입니다. 잘 기억이 안 나는 독자는 챕터 10을 다시 읽어 보면서 어떤 추론인지 생각해 보시기 바랍니다.

이제 기억이 나셨나요? 사실 '과학적 사고'의 도식은 챕터 10에서 공부한 잘못된 추론(오류) 중 하나인 '후건 긍정'과 같은 구조입니다.

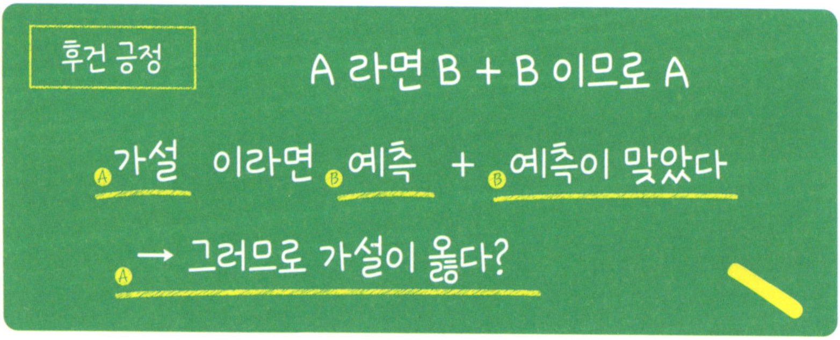

후건 긍정

A 라면 B + B 이므로 A

Ⓐ가설 이라면 Ⓑ예측 + Ⓑ예측이 맞았다

Ⓐ→ 그러므로 가설이 옳다?

오류와 같은 형태라는 말은 가설에서 이끌어낸 예측이 실험을 통해 확인되었더라도 "가설이 100퍼센트 옳다"라고 장담할 수 없다는 의미입니다. **아무리 가설에 대한 근거가 쌓이더라도 확실히 그 가설이 옳다고는 절대 말할 수는 없다**는 말이지요.

그런데 예측이 빗나갔다면 어떻게 될까요?

가설이 옳다면 예측이 반드시 들어맞아야 합니다. 하지만 예측이 빗나갔습니다. 여기에서 이끌어낼 수 있는 논리적인 결론은 가설이 틀렸다는 것이지요. 요컨대 예측이 빗나갔을 경우 가설이 틀렸다고 판단하는 것은 논리적인 결론이라고 말할 수 있습니다.

영국의 철학자 **칼 포퍼**는 이런 점에 주목해, **과학과 별자리 점 같은 것의 차이는 반증이 가능하냐 아니냐에 있다고 생각했습니다.** 이 생각을 **'반증주의'**라고 부르지요

칼 포퍼 (1902~1994)

오스트리아 출신의 영국 철학자. '과학이란 반증 가능한 이론을 만들어내는 것'이라고 생각했다. 지식은 잘못을 인정하고 고침으로써 진보한다고 주장했다.

예측이 빗나갔더라도 그 조언을 부정할 수 없다. 그러므로 점은 과학이 아니다.

만약 아인슈타인의 예측이 빗나갔었다면 그의 이론은 반증되었을 것입니다. 또한 해왕성이 예측한 장소에서 발견되지 않았다면 가설은 틀린 것이 되었겠지요.

한편, 별자리 점의 '조언 한마디'는 어떨까요? 저는 "자신이 느낀 점을 주위 사람들에게 말로 전하면 행운이 찾아옵니다"라는 조언을 따라 친구에게 제가 느낀 점을 이야기했고, 그 결과 사이가 더 좋아졌습니다. 그런데 제가 느낀 점을 이야기한 결과 친구와 싸우게 되었다면 어떻게 될까요?

조언 한마디를 쓴 사람에게 "조언이 틀렸잖아요!"라고 말한들 그 조언이 철회되는 일은 없을 것입니다. 그 사람은 "이번에는 운이 나빴네요. 점괘가 100퍼센트 맞는 건 아니랍니다"라면서 예외적인 경우로 치부할지도 모릅니다. 혹은 "당장은 사이가 서먹해졌지만 틀림없이 앞으로의 관계에 좋은 영향이 있을 겁니다"라고 말할 수도 있겠지요. 애초에 '느낀 점을 이야기하면 행운이 찾아온다'에서 '행운'이 무엇인지도 모호하기 짝이 없습니다.

이처럼 **별자리점 같은 것이 과학이 아닌 이유는 반례가 나와도 조언 자체를 부정할 수 없다, 다시 말해 반증이 가능하지 않다는 점에 있습니다.**

포퍼의 이런 생각은 그 후 수많은 비판을 받았지만, 과학철학에 대한 논의가 더욱 깊이 진행되는 계기가 되었습니다. 그의 제자에 해당하는 **임레 라카토슈**나 같은 시대에 활약한 **토마스 쿤** 등이 20세기의 과학철학을 더욱 크게 발전시켰지요.

임레 라카토슈
(1922~1974)

헝가리 출신의 과학철학자. 포퍼의 생각을 발전시켜, '연구 프로그램의 대립이 과학을 진보시킨다'고 생각했다. 과학을 하나의 경쟁적인 과정으로 파악했다.

토마스 쿤
(1922~1996)

미국의 과학역사가 · 철학자. 과학의 역사 속에서 일어난 혁명적인 변화인 '패러다임 전환'의 구조를 밝혀냈다.

정리

이 챕터에서는 과학적 사고에 관해 공부하면서 몇 가지 대표적인 사고법을 살펴봤습니다. 과학이란 무엇인가? 과학적 방법의 본질은 무엇인가?

귀납적 추론이나 가설 연역법 등의 대표적인 사고법과 함께 검증주의와 반증주의 등을 공부했습니다.

현대 철학의 주요 분야인 과학철학의 발상을 체험하고, 과학이란 무엇이냐는 의문에 관해 생각해 봤습니다.

좀 더 깊이 생각해 보고 싶은 사람을 위한 숙제

과학과 점은 실험이나 데이터를 사용하는 방식 이외에 또 어떤 차이점이 있을까요?

또한 임레 라카토슈나 토마스 쿤의 과학철학을 조사해 보고, 칼 포퍼의 생각과 어떻게 다른지 생각해 봅시다.

Chapter 12

왜 변기가 예술이지?
- 아름다움의 정체에 관한 철학

키워드

- 예술, 자연, 도구, 공예
- 합리주의와 취미론
- 목적 없는 합목적성
- 표현주의
- 형식주의

예술이란 무엇일까요?
예쁘게 그렸으면 예술일까요?
작가의 생각이 담겨 있으면 예술일까요?

이 챕터에서는 레오나르도 다 빈치의 〈모나리자〉와 파블로 피카소의 〈게르니카〉, 나아가 변기를 사용해서 만든 마르셀 뒤샹의 〈샘〉 등을 예로 들면서 예술과 아름다움에 관해 철학적으로 생각해 보려 합니다.

'아름다움은 머리로 이해하는 것일까, 아니면 마음으로 느끼는 것일까?'라는 의문을 출발점으로 삼아, 흄과 칸트 같은 철학자들의 생각을 참조하면서 '아름다움이란 무엇인가?', '예술이란 무엇인가?'라는 의문에 다가가 봅시다.
틀림없이 사물을 바라보는 시각이 달라질 것입니다.

■ 예술 작품의 감상 테스트

여러분, 이번에 생각해 볼 것은 예술입니다.

먼저 예술 작품 네 편을 소개하겠습니다. 각각의 설명을 읽고 '왜 이것이 예술 작품으로 널리 알려졌으며 인정받고 있는가?'를 생각해 보시기 바랍니다.

레오나르도 다 빈치는 르네상스 시대에 활약한 인물로, 그림뿐만 아니라 과학과 발명 등 다양한 분야에 공적을 남겼습니다. 대표작인 〈모나리자〉(오른쪽)는 실제 여성인 리자 게라르디니를 그린 것으로 짐작되는데, 미술 역사를 대표하는 걸작으로 전 세계에 알려져 있지요.

레오나르도 다 빈치
(1452~1519)

르네상스 시기 이탈리아의 예술가·과학자. 〈모나리자〉 등의 유명한 그림을 그렸을 뿐만 아니라 인체와 자연을 관찰하고 비행기의 원리를 연구하는 등 등 다채로운 재능을 발휘했다.

잭슨 폴록은 20세기 후반에 미국에서 활약한 화가입니다. 캔버스를 바닥에 놓고 붓이나 막대를 사용해 온몸을 움직이며 물감을 떨어트리는 '드립 페인팅' 혹은 '액션 페인팅'이라는 독특한 기법으로 유명합니다. 그의 작품인 〈북두칠성의 반사〉(오른쪽)도 그 기법으로 그린 것이지요.

잭슨 폴록
(1912~1956)

미국의 화가. 캔버스에 물감을 '던지듯이' 그리는 '액션 페인팅'으로 유명하다. 그림을 '그리는 것' 자체가 표현이라고 생각했다.

마르셀 뒤샹은 프랑스 출신의 예술가로, 대량 생산된 기성품을 그대로 전시하는 '레디메이드'라는 수법으로 미술의 가치관을 크게 바꿔 놓았습니다. 1917년에 발표한 〈샘〉(오른쪽)은 시판되는 변기에 사인을 해서 전시한, 현대 예술을 상징하는 도발적인 작품이지요.

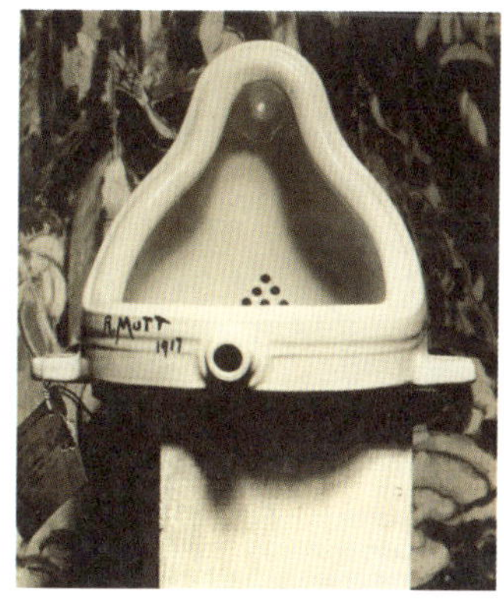

마르셀 뒤샹
(1887~1968)

프랑스 출신의 예술가. 일용품에 사인을 해서 전시하는 등 '이것은 예술인가?'라는 질문을 던졌다. '생각'이 예술이 된다는 새로운 가치관을 만들어냈다.

파블로 피카소는 스페인 출신의 화가로, 20세기의 미술을 크게 혁신한 거장입니다. 1937년에 그린 〈게르니카〉는 스페인 내전의 공습으로 인한 참극을 상징적으로 그려내 강렬한 반전 메시지를 보내는 작품으로 유명합니다.

파블로 피카소
(1881~1973)

스페인 출신의 화가. '입체주의(큐비즘)'라는 새로운 표현을 만들어내 20세기 미술에 큰 영향을 끼쳤다. 〈게르니카〉에서는 전쟁의 참혹함을 강하게 호소했다.

예술과 예술이 아닌 것

이 챕터의 주제는 '예술'입니다. 철학의 분야에서는 **'미학'**이라는 분야의 커다란 주제 중 하나이지요.

미학이란 예술이나 아름다움의 본질을 탐구하는 학문입니다.

- 아름다움이란 무엇인가?
- 예술이란 무엇인가?
- 우리는 왜 〈모나리자〉를 보고 '아름답다'고 느끼고, 자연의 웅장한 모습에 감동하는가?

이런 '아름다움'이나 '예술'에 관한 의문을 철학적으로 깊이 생각하는 것이 미학의 역할이지요. 이 챕터에서는 앞에서 소개한 예술 작품들로 시작해 미학의 기본적인 생각을 몇 가지 살펴보겠습니다.

애초에 '예술'이란 무엇일까요?

수많은 철학자가 저마다 정의를 내리려고 시도해 왔는데, 공통되는 부분은 '예술은 자연과 달리 인간의 손으로 만든 것'이라는 점입니다. 가령 〈모나리자〉는 물감 등의 그림 도구를 사용해 인간이 그린 작품이지요. 반면에 자연은 누가 만든 것이 아닙니다.

그렇다고 해서 인간이 만든 것이라면 무엇이든 예술이 되는 것도 아닙니다. 가령 '아름답구나', '멋지구나'라고 느끼며 감동하는 경험, 즉 **미적 체험을 일으키는 것이 우리에게 '예술'이 되는 것**이지요.

또한 이 '미적 체험'이야말로 예술의 목적으로 생각되고 있습니다. 반면에 실용적인 목적으로 만들어진 것, 예를 들면 젓가락이나 접시 등은 '도구'라든가 '공예품'으로 불리며 예술과 구별되지요.

예술 작품에는 여러 종류가 있습니다. 그리고 저마다 감상하는 방법이 다르지요. 예를 들어 그림이나 조각, 건축 등 눈으로 즐기는 것은 **'시각 예술'**로 불립니다. 우리가 '미술'이라는 말을 들었을 때 곧바로 머릿속에 떠오르는 것은 대체로 이 시각 예술이지요. 또한 음악처럼 귀로 즐기는 것은 **'음향 예술'**, 시나 소설 등 문자로 표현된 것은 **'언어 예술'**, 연극이나 영화처럼 복수의 표현이 조합된 것은 **'종합 예술'**로 불립니다.

아름다움은 머리로 생각하는 것일까? 마음으로 느끼는 것일까?

그렇다면 '아름다움'이란 무엇일까요? 고대 그리스부터 근대의 사람들은 **'아름다움이란 조화롭고 질서정연한 통일감이 있는 것'**이라고 생각했습니다.

가령 **'황금비'**라는 말을 들어 본 독자도 있을지 모르겠습니다. '1:1.618…' 정도의 비율로, 사람이 자연스럽게 '아름답다'고 느낀다고 여겨지는 수의 조합입니다. 이 황금비는 그리스에 있는 파르테논 신전의 기둥이나 정면의 형태 등에도 사용되었다고 합니다. 또한 레오나르도 다 빈치의 그림 등에도 황금비가 사용되었다고 하지요.

사람은 이처럼 특별한 질서나 균형을 갖는 것을 '아름답다'고 판단합니다. 그리고 이는 이성이나 지성을 통해서 이해되는 것으로 생각되어 왔습니다. 요컨대 '아름다움'은 머리로 생각해서 이성적으로 판단하는 것이라는 말이지요.

고대 그리스 시대부터 이어진 서양 철학의 전통에서는 **감정이나 감각 같은 '마음'을 통한 판단의 경우 종종 잘못을 저지른다고 여겼습니다. 그러므로 이성을 통해 진리에 다가서야 한다**고 생각했지요. 이런 견해를 **'합리주의'**라고 합니다. 그런 관점에서 생각하면 아름다움에 관해서도 모호한 감각이나 감성에 의지하지 말고 물체가 지닌 '아름다움'이라는 성질을 이성적으로 파악해야 한다는 결론에 도달하게 되는 것입니다.

하지만 챕터 3에서도 공부했듯이, 근대가 되어 영국의 경험론이 등장하자 '감각'이나 '경험'이 새롭게 주목받기 시작했습니다. 곰곰이 생각해보면, 우리가 의지할 수 있는 것은 오감을 통한 주관적인 경험이며 자신의 경험을 통해서만 세상을 공부할 수 있다는 관점에서 **미적 체험에 관해서도 우리 개개인의 주관적 체험에 입각해 다시 생각하게 된 것**입니다.

가령 여러분이 그리스에서 파르테논 신전을 직접 보게 되었다고 가정하겠습니다. 그곳에서 건물을 구석구석까지 유심히 살펴보고 '이 신전의 구조는 황금비로 이루어져 있다고 하던데, 사실인가?'라며 실제로 측정해 확인한 다음에 '역시 그렇구나! 아름다워!'라고 느낄까요? 아마도 그런 사람은 없을 것입니다. 실제로는 눈앞에 서 있는 신전을 본 순간 '우와, 굉장해!'라고 감동하거나 긍정적인 감정이 직감적으로 솟아날 터입니다.

그렇게 생각하면 **아름다움은 머리로 이해하는 것이 아니라 마음이나 직감으로 느끼는 주관적인 체험인 셈이 됩니다. '아름답다'라는 느낌은 예술의 '마음 편안함'을 우리의 주관적인 취미나 취향, 기호로 판단하는 체험**인 것이지요.

이런 견해는 주관적인 '취미'에 따른 것이라는 의미에서 **'취미론'**으로 불리며, 근대 미학의 중심적인 주제 중 하나가 되었습니다.

■ '아름다워!'의 역설

'아름답다'고 느끼는 체험이 우리 한 사람 한 사람의 주관적인 체험이며 '취미'에 따른 것이라고 생각하면 수긍이 가는 부분도 있습니다. 분명히 사람에 따라 '호불호'가 갈리는 경우도 있고, '아름답다'고 생각하는 대상도 사람마다 다른 것이 자연스럽다고 말할 수 있을지 모릅니다. 하지만 그것만으로는 설명이 안 되는 부분도 있지요.

예를 들어 앞에서 소개한 〈모나리자〉처럼 많은 사람이 똑같이 '아름답다'고 느끼는 예술 작품이 있습니다. 혹은 그랜드캐니언 같은 자연의 경치도 보는 사람 중 대다수가 '아름답다'고 느낍니다. 미적 체험이 완전히 주관이라면 왜 이렇게 많은 사람이 같은 감각을 느끼는 것일까요?

여기에 미학의 중요한 의문이 있습니다. 이것이 이른바 **"'아름다워!'의 역설"**이지요. 이 의문에 대해 챕터 3과 4에서 등장했던 **흄**과 **칸트**는 각각 다른 대답을 내놓았습니다.

다음에는 이 두 사람의 생각을 자세히 살펴보도록 하겠습니다.

■ 뛰어난 비평가들의 의견에 영향을 받는다

먼저 흄의 생각부터 살펴보겠습니다.

흄은 '개개인이 다른 미적 체험을 하고 있었더라도 결국 많은 사람의 의견이 비슷한 방향으로 향하는 이유는 무엇인지' 그 메커니즘에 관해서 생각했습니다.

그의 생각에 따르면, 예술을 많이 감상하는 사람 중에는 특히 이해력이 뛰어나거나 섬세한 감각을 지닌 사람이 있습니다. 그런 사람들은 다양한 작품을 경험하고 그것들을 비교하면서 깊이 맛봄으로써 편견에 사로잡히지 않는 세련된 미적 감각을 손에 넣지요. 그들이 다른 사람과 감상 또는 의견을 나눔으로써 **뛰어난 비평가의 의견이 사회 전체에 널리 공유되어 갑니다.**

그리고 결국은 그들의 의견이 마치 '객관적인 기준'처럼 자리 잡아서 많은 사람이 같은 방향으로 판단하게 된다는 것이 흄의 생각이었습니다. 챕터 4에서 "인과관계는 마음의 습관에 불과하다"라는 흄의 말을 소개했는데, 이 또한 미적 판단에 대한 그의 이론과 비슷한 발상입니다. 다시 말해 아름다움에 관한 판단도 '사회 속에서 반복적으로 공유되는 사이에 정착되는 습관'이며, 〈모나리자〉를 아름답다고 느끼는 것도 우리 마음의 습관에 불과하다는 것이지요.

■ '미적 체험'은 작품 자체의 목적에서 얻을 수 있다

반면에 칸트는 또 다른 관점에서 이 문제에 접근했습니다. 그리고 **'목적 없는 합목적성'**이라는 유명한 생각에 도달했지요. 칸트는 우리가 '아름답다'고 느낄 때 그것은 자신의 개인적인 욕망이나 이해관계와는 상관없는 체험이라고 생각했습니다.

예를 들어 어떤 그림을 보고 '아름다워!'라고 느꼈을 때, 그것은 '이 그림은 비싸게 팔릴 것 같아'라든가 '집에 장식하면 자랑할 수 있겠어' 등 개인적으로 이익이 될지 말지를 생각한 결과가 아닙니다. 오히려 그 그림 자체의 형태나 색, 디자인이나 균형의 아름다움을 순수하게 즐긴 것이지요. 이것이 '미적 체험'이라는 것입니다.

여기에서 중요한 점은 사람마다 욕망이나 기호는 제각각이더라도 '아름답다'고 느낄 때는 그런 제각각인 개인의 목적을 초월해서 작품 자체에 담긴 '어떤 목적'에 마음이 반응한다는 것입니다. 그렇기에 100명이 있으면 100가지의 욕망과 이해, 추구하는 바가 있더라도 많은 사람이 공통적으로 '아름다워'라고 느낄 수 있다는 것이 칸트의 생각이었지요.

간단히 말하면 개인적인 목적이 아니라 '그 작품 자체의 목적'을 느꼈을 때 '아름다워!'라는 미적 체험을 얻을 수 있다는 것입니다. 이것이 칸트의 **'목적 없는 합목적성'**이라는 생각입니다.

무엇인가를 표현한다는 것

그러면 다시 한번 앞에서 소개한 네 가지 예술 작품의 이야기로 돌아가 보겠습니다.

처음에 소개한 〈모나리자〉는 모델이었다고 여겨지는 리자 게라르디니의 얼굴이나 코, 눈 등이 실제 인물과 세밀하게 대응하듯이 정밀하게 묘사되어 있습니다. 마치 사진 같은 현실감이지요.

그리는 대상이 있고, 그 대상을 현실적으로 충실하게 재현한다. 이러한 '예술은 현실의 모방이다'라는 생각은 고대 그리스의 철학자 **플라톤**(→ 131쪽)이 활동하던 시절부터 깊이 뿌리내려 왔습니다. 실제로 중세나 근대의 그림 중에는 현실의 풍경이나 인물을 세밀하게 묘사한 작품이 많지요.

그러나 다른 세 작품을 보면 〈모나리자〉와 달리 표현되는 대상이 뚜렷하게 존재하지 않음을 알 수 있습니다.

가령 폴록의 작품에는 무엇을 그린 것인지 한눈에 알 수 있는 '모델'이 없습니다. 오히려 이 작품은 작가인 폴록의 **감정이나 생각, 그리고 그린다는 행위 자체를 표현한 것**이라고 생각할 수 있지요. 이와 같이 '예술이란 작가가 자신의 감정이나 생각을 어떤 형태로 표현한 것이다'라는 생각을 **'표현주의'**라고 부릅니다.

또한 뒤샹의 작품은 대량 생산된 변기를 일부러 예술 작품으로서 미술관에 전시한 것입니다. 이 작품은 변기 자체를 표현한 것이 아니라 '예술이란 무엇인가?', '누가 예술의 가치를 결정하는가?', '작가란 어떤 존재인가?' 등, 미술계의 상식과 규칙에 의문을 제기하기 위한 것이었습니다. 이처럼 아이디어를 중시하는 작품은 **'개념 예술(Conceptual Art)'**이라고 불립니다.

그리고 피카소의 〈게르니카〉는 스페인 내전 당시 있었던 폭격의 참혹함을 상징적으로 표현해 인간 사회에 강렬한 반전 메시지를 보냈습니다. 눈앞에 있는 것을 현실적으로 그렸다기보다 전쟁이라는 현실의 사건이나 그에 대한 도덕적인 메시지를 예술의 힘으로 표현했다고 말할 수 있을 것입니다.

이처럼 예술 작품이 표현하는 것에는 현실, 감정, 사상, 진실, 메시지 등 여러 종류가 있습니다. 그리고 그것을 어떻게 해석하느냐는 예술가나 사상가에 따라 생각이 다르지요.

형식주의란 무엇인가?

한편, 이처럼 '예술은 무엇인가를 표현하는 것이다', '그 배경에 있는 사상이나 역사적 사실을 감안하며 평가해야 한다'는 생각과 별개로 그런 생각에 대항하는 듯한 예술 운동이 20세기 초반부터 발전해 왔습니다.

그것은 '표현하는 대상이나 역사적 문맥이 아니라 예술 자체의 특징에 주목하면서 예술 작품을 평가해야 한다'는 생각입니다. 예를 들면 **'어떤 디자인인가?', '어떤 형식으로 그렸는가?'와 같이 예술 작품 자체의 모습이나 구조(형식)를 중시하는 관점**이지요. 이런 견해를 **'형식주의'**라고 부릅니다.

요컨대 '예술은 어떤 목적이나 의미를 전달하는 수단'이 아니며 '작품 자체에 가치가 있다'는 견해이지요.

이 생각은 앞에서 소개한 칸트의 '목적 없는 합목적성'과도 통하는 부분이 있습니다. 칸트 또한 "예술은 무엇인가에 도움이 되기 때문에 아름다운 것이 아니며, 그 자체의 모습이나 디자인에 '목적 같은 것'을 느끼기에 아름답다"고 생각했지요. 그래서 칸트가 형식주의를 주장했다고 이야기되기도 합니다.

■ 정리

이 챕터에서는 미학의 입문으로서 예술과 미적 체험에 관해 생각해 봤습니다.

'예술과 예술이 아닌 것'의 차이는 어디에 있을까?

'아름답다'고 느끼는 것은 어떤 것인가?

이런 의문을 출발점으로 '아름다움'이란 무엇인가에 관해 다양한 철학적 생각과 역사적인 변화를 살펴봤습니다.

좀 더 깊이 생각해 보고 싶은 사람을 위한 숙제

아름다움은 머리로 생각하는 것이라는 견해와 마음으로 느끼는 것이라는 견해에 대해 각각 반론을 생각해 봅시다.

또 '공예'는 실용적이면서 예술적인 요소도 있는 듯이 보입니다. 하지만 칸트는 예술이란 '어떤 목적과 분리된 것'이라고 생각했습니다. 그렇다면 '실용'과 '예술'이 섞여 있는 것처럼 보이는 '공예'는 예술이라고 말할 수 없는 것일까요?

만약 칸트라면 이 질문에 어떻게 대답했을지 상상해 보시기 바랍니다.

〈북두칠성의 반사〉
getty images/Universal History Archive

〈샘〉
마르셀 뒤샹/앨프리드 스티글리츠 - NRP arthistory.about.com, 퍼블릭 도메인, https://commons.wikimedia.org/w/index.php?curid=74693078에서 인용

〈게르니카〉
By Jules Verne Times Two / www.julesvernex2.com, CC BY-SA 4.0, https://commons.wikimedia.org/w/index.php?curid=149356484

맺음말

이 책을 끝까지 읽어 주신 여러분에게 진심으로 감사의 인사를 전합니다.

이 책의 주제는 철학입니다. 평소에는 품지 않는 '당연한', '바보 같은', '무의미한' 의문을 일부러 품어 봄으로써 새로운 관점에 도달하려는 시도이지요. 각 철학 분야의 구체적인 주제를 통해 그것이 어떤 것인지 체험했다면 참으로 기쁠 것입니다.

이 책의 서두에서 철학은 모두에게 반드시 필요한 글로벌 스킬이라고 말했습니다. 철학적으로 생각할 수 있게 되면 새로운 아이디어를 떠올리거나 새로운 관점에서 문제를 해결할 수 있기 때문이지요.

하지만 사실은 더 중요한 이유가 있답니다. 그것은 **철학적으로 생각한다는 것이 절대적이고 능동적이며 자발적인 마음의 활동이기 때문**입니다.

조금 어려운 말을 했습니다만, '생각하는' 것은 오직 자신의 의지로만 할 수 있는 지극히 당연한 행위입니다. 하지만 그 당연하다는 것이 가장 중요하지요.

우리가 불안해지거나, 불만을 느끼거나, 어떻게 해야 할지 알 수 없는 상황이 되었을 때, 그때의 상황에 몸을 맡기고 수동적으로 행동하기만 해서는 그런 부정적인 마음을 멈출 수 없습니다. 철학적인 마음의 활동을 통해 현재 상황을 다시 한번 생각해 보고 수동적인 자신을 능동적으로, 스스로 생각하는 자신으로 전환합니다. 그렇게 할 때 비로소 더욱 강한 정신력과 지속 가능한 자기 긍정감을 손에 넣을 수 있을 것입니다.

인간의 마음은 누군가에게 지시를 받거나 무엇인가에 강요당하는 것을 싫어합니다. 자신의 생각에 기반해 자발적으로 행동하기를 본질적으로 원하지요. 철학은 바로 자신의 생각에 기반해 궁리하는 행위입니다. 자발적인 마음 활동의 궁극적인 형태이지요. 철학적인 사고법을 익혀서 일상의 공부나 업무뿐만 아니라 지속적인 마음의 건강을 손에 넣는 데 이 책이 조금이나마 도움이 된다면 그보다 기쁜 일은 없을 것입니다.

마지막으로, 항상 많은 도움을 주고 계신 나가쿠라 겐타 씨와 고토 모토무 씨에게 깊은 감사의 인사를 전합니다!

어린 시절, 깊이 생각하는 습관이 있었던 저를 항상 조용히 지켜봐 주셨던 어머니에게 이 책을 바칩니다.

호시 도모히로

참고문헌

Chapter 1

※1 : 《모나드론》(1714년) 제17절, 시미즈 · 다케다 옮김

※2 : Turing, A. M. (1950). Computing Machinery and Intelligence. Mind, 49, 433~460.

※3 : Jones, Cameron R. and Benjamin K. Bergen. "People cannot distinguish GPT-4 from a human in a Turing test." ArXiv abs/2405.08007 (2024): n. pag.

※4 : 1999, 'The Chinese Room', in R.A. Wilson and F. Keil (eds.), The MIT Encyclopedia of the CognitiveSciences , Cambridge, MA: MIT Press.

Chapter 2

※5 : Chalmers, David (1996). The Conscious Mind. New York: Oxford University Press. pp. xii–xiii, 95~106, backcover.

※6 : Nagel, Thomas (1974). What is it like to be a bat? Philosophical Review 83 (4):435~50.

Chapter 4

※7 : https://tylervigen.com/spurious/correlation/5920_per-capita-consumption-of-margarine_correlates-with_the-divorce-rate-in-maine

Chapter 5

※8 : Rudy-Hiller, Fernando, "The Epistemic Condition for Moral Responsibility", The Stanford Encyclopedia of Philosophy (Winter 2022 Edition), Edward N. Zalta & Uri Nodelman (eds.), https://plato.stanford.edu/archives/win2022/entries/moral-responsibility-epistemic/.

Chapter 6

※9 : Frankfurt, Harry. 1969. "Alternate Possibilities and Moral Responsibility," Journal of Philosophy, 66: 829~39; reprinted in Fischer (ed.) 1986 and Frankfurt 1987.

Chapter 7

※10 : Bayne, Tim (2011). Libet and the case for free will scepticism. In Richard Swinburne, Free Will and Modern Science. New York: OUP/British Academy.

※11 : Caruso GD. Free Will Skepticism and Its Implications: An Argument for Optimism. In: Shaw E, Pereboom D, Caruso GD, eds. Free Will Skepticism in Law and Society: Challenging Retributive Justice. Cambridge University Press; 2019:43~72.

Chapter 8

※12 : Dagger, Richard and David Lefkowitz, "Political Obligation", The Stanford Encyclopedia of Philosophy (Summer 2021 Edition), Edward N. Zalta (ed.), https://plato.stanford.edu/archives/sum2021/entries/political-obligation/

※13 : Rawls, John, 1964. "Legal Obligation and the Duty of Fair Play," in Law and Philosophy, S. Hook(ed.), New York: New York University Press, pp. 3~18.

Chapter 9

※14 : Louden, R., 1983, "Rights Infatuation and the Impoverishment of Moral Theory," Journal of Value Inquiry, 17: 87~102.

※15 : Williams, G., 1968, "The Concept of a Legal Liberty", in R. Summers (ed.), Essays in Legal Philosophy, Oxford: Blackwell, pp. 121~44.

※16 : Raz, J., 1995, Ethics in the Public Domain, (Revised Edition), Oxford: Oxford University Press.

※17 : Hart, H., 1982, Essays on Bentham: Studies in Jurisprudence and Political Theory, Oxford: Clarendon Press.

인명 찾아보기

열세 살부터 시작하는
철학 사고 수업

2026년 2월 26일 초판 발행
호시 도모히로 지음 | 이지호 옮김

펴낸이 김기옥 | **펴낸곳** 봄나무 | **아동본부장** 박재성
마케터 서지운 | **제작** 김형식 | **지원** 고광현
디자인 푸른나무디자인 | 인쇄·제본 민언프린텍
등록 제313-2004-50호(2004년 2월 25일)
주소 121-839 서울시 마포구 양화로 11길 13(서교동, 강원빌딩 5층)
전화 02-325-6694 | **팩스** 02-707-0198 | **이메일** info@hansmedia.com
봄나무 인스타그램 https://www.instagram.com/_bomnamu

도서 주문 한즈미디어(주)
주소 121-839 서울시 마포구 양화로 11길 13(서교동, 강원빌딩 5층)
전화 02-707-0337 | **팩스** 02-707-0198
ISBN 979-11-5613-226-4 (73100)